(2025年4月現在)

剣道学、筋トレ学を学ぶ 故に書を読む

体育とスポーツ出版社

図書目録

KEN DO JI DAI

月刊 剣道時代

Monthly Bodybuilding Magazine

ボディビルディング

(株)体育とスポーツ出版社

なんといってもためになる　剣道時代の本

生死の岐路で培われた心を打つ面

面 剣道範士九段楢崎正彦

剣道時代編集部編

A5判並製352頁・定価：2,860円

楢崎正彦範士の面は「楢崎の面」と称され、剣士たちの憧れであり、尊敬の念も込めてそう呼ばれた。人生観、剣道観が凝縮された面ゆえにひとびとの心を打ったのである。その面が生まれた要素のひとつとして戦後、26歳で収監されて約10年にも及ぶ巣鴨プリズンでの獄中生活が大きい。生死の岐路で培った強靭な精神で〝生ききる〟という気持ちを失わなかった。極限な状況にあっても日本人らしく武士道をつらぬいたのだった。楢崎範士がそういう心境になれたのは、巣鴨プリズンで同室となった岡田資中将（大岡昇平『ながい旅』の主人公」との交流が大きかった。楢崎範士の生き方はあなたの剣道観、いや人生観が変わるきっかけにもなるでしょう。とくに楢崎範士を知らない世代が多くなった若い世代に読んでもらいたい。

打たれ上手な人ほど上達がはやい！

剣道は乗って勝つ

岩立三郎 著　B5判並製・定価：1,980円

日本はもとより海外からも多数の剣士が集まる「松風館道場」。その館長岩立三郎範士八段が剣道愛好家に贈る剣道上達のポイント。剣道時代の連載記事と特集記事がまとめられた一冊である。

剣道を愛し、読書を愛する剣道時代の本

剣道藝術論
（新装増補改訂版）

馬場欽司 著

A5判並製272頁・定価：2,640円

続剣道藝術論
（新装改訂版）

馬場欽司 著

A5判並製336頁・定価：2,860円

剣道は芸術　競技性も備えた伝統文化

あなたは剣道の大黒柱をどこに置いてやっていますか。芸術か、競技性か。その価値観の違いで不老の剣になるかどうかが決まる。

著者は「剣道は芸術」と断言し、「芸術性がある」と表現しない。剣道は芸術の分野にあって、競技性をも備えているという考え方だが、ここのところが最も誤解を生みやすいところであり、おのずと剣道の質も違ってくる。一般人が剣道を芸術として捉えてくれるようになれば、剣道の評価が高まる。一般人にもぜひ読んでもらいたい。

あなたの人生、剣道を導き支えてくれる本との出合い

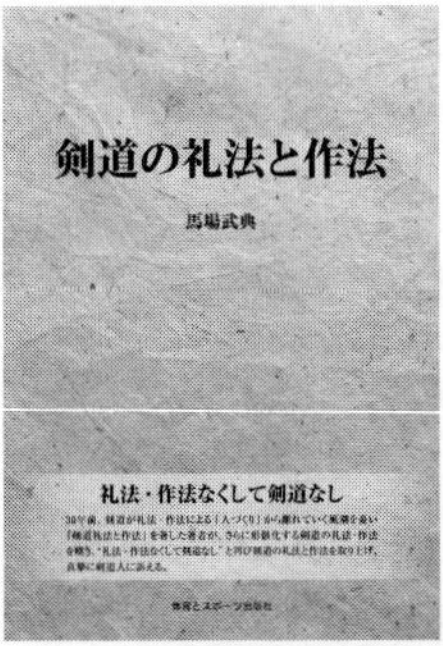

礼法・作法なくして剣道なし

剣道の礼法と作法

馬場武典 著

B5判・定価：2,200円

30年前、剣道が礼法・作法による「人づくり」から離れていく風潮を憂い、『剣道礼法と作法』を著した著者が、さらに形骸化する剣道の礼法・作法を嘆き、"礼法・作法なくして剣道なし"と再び剣道の礼法と作法を取り上げ、真摯に剣道人に訴える

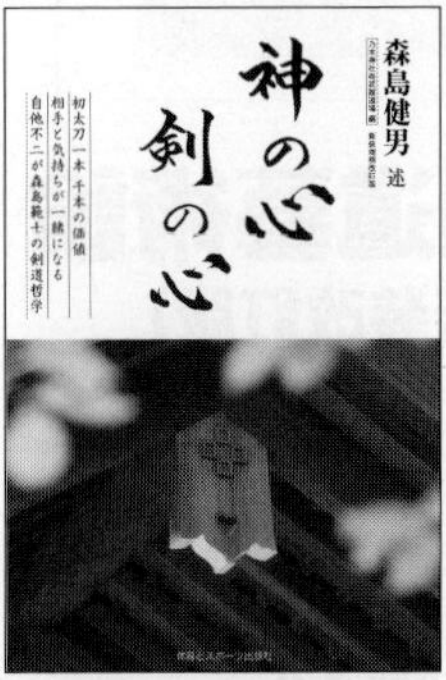

初太刀一本 千本の価値

神の心 剣の心（新装増補改訂版）

森島健男述　乃木神社尚武館道場編

四六判・定価：2,530円

本書は平成10年発行。森島範士（令和3年8月逝去）の剣道哲学の集大成の一冊である。森島範士が剣道人に伝えたかったことと剣道への想いが切々と語られている。復刊にあたり、「日本伝剣道の極意　乗る」「私の好きな言葉」、そして乃木神社尚武館道場の梯正治、坂口竹末両師範の追悼文を加えた新装増補改訂版である。

理に適う剣道を求めて

修養としての剣道

角正武 著

四六判・定価：1,760円

理に適うものを求めることこそが剣道と、生涯修行を旨とする剣道に、如何に取り組むのかをひも解いた書。健全な心身を養い、豊かな人格を磨いて充実した人生に寄与する修養としての道を分かりやすく解説した書

剣道を愛し、読書を愛する剣道時代の本

★ロングセラー本

剣道の極意と左足

小林三留 著

B5判・定価：1,760円

左足が剣道の根幹だ。まずは足腰を鍛え、剣道の土台づくりをすることが大切だ。著者小林三留範士八段が半世紀以上をかけて体得した剣道極意を凝縮した一冊!!

生涯剣道へのいざない 剣道の魅力

山神真一 著

四六判・定価：2,200円

剣道の魅力を様々な視座から追究することを通して、生涯剣道を考える機会をいただき、剣道を改めて見つめ直すことができたことは、私にとって望外な幸せでした。（中略）論を進めるにつれて、生涯剣道にも『守破離』に代表されるプロセスがあることに気づかされました（あとがきより）

剣道昇段審査対策21講

亀井徹 著

B5判・定価：1,760円

著者が剣道家として、選手権者として永年培ってきた経験をもとに、仕事で忙しい市民剣士向けにまとめた昇段審査対策を分かり易く解説。著者は、熊本県警察時代から警察官の指導だけでなく、市民剣士の指導にも携わって来た。剣道は、武術性・競技性・芸術性が必要であるという信念のもとに、強く美しい剣道を実践している。

あなたの人生観・剣道観を変える一冊の本との出合い

～八段までの笑いあり涙なしの合格不合格体験記～

奇跡の合格
剣道八段への軌跡

池澤清豪 著　四六判並製288頁・定価：2,200円

39歳三段リバ剣、65歳八段挑戦、69歳9回目で合格。永遠の若大将を自負する整形外科医が、自ら綴る笑いあり涙なしの合格不合格体験記。

諦めず継続すれば力となって桜咲く。

大いに笑い、感銘、発見することでやる気が生まれる、元気が出てくる、勇気がもらえる。

剣の道を輝かせたいあなたに贈る。おもしろくためになる痛快剣道エッセイ！

「改めて読み直すと沢山の合格のヒントを書いているのに気付きました」（本文より）

この本を読めばあなたも奇跡を起こす!?

- 序に代えて
  親友（心友）と剣道八段は剣道の神様から授かったごほうび
- 第一章◉八段審査1回目の巻
  お互いが相手に尊敬の念を抱くことがお互いの向上になる
- 第二章◉八段審査2回目の巻
  不合格はさわやかに受け入れよう
- 第三章◉八段審査3回目の巻
  次回は審査員の魂を揺さぶる気根で臨むと決意する
- 第四章◉八段審査4回目の巻
  八段は向こうからやって来ない。失敗しても何度でも起き上がって挑戦しよう
- 第五章◉八段審査5回目の巻
  恩師の言葉「目標があれば、いつも青春」を思い出し、また次に向けて頑張るぞ
- 第六章◉八段審査6回目の巻
  八段審査は「わび」「さび」の枯れた剣道では評価されないと再認識する
- 第七章◉八段審査7回目の巻
  努力は報われる。いや報われない努力もあるが、諦めず継続すれば桜咲く
- 第八章◉八段審査8回目の巻
  六・七段合格のゲンの良い名古屋で八段審査会。しかし七転び八転び
- 第九章◉八段審査9回目、そして最終回の巻
  ま、まさかのまさかで八段合格。常日頃、手を合わせていた母。なにかいいことがあると「それは私が祈っていたからよ」
- あとがきに代えて
  親友であり心友であり続ける葛西良紀へ

読者の感想

「剣の道の楽しさ、おもしろさは人生の後半にあることを教えてもらいました」（50代男性）

「著者の人柄がよく出ており、こうして八段になれたことがわかりました」（40代男性）

「著者の心のつぶやきが漫画を読んでいるみたいで笑いましたが、その裏にはためになることが多く書かれた本だと思います」（60代男性）

「おもしろおかしく書いてありますが、剣道八段に受かる大変さや素晴らしさが分りました」（40代女性）

「剣道をとおした人間ドラマであり、剣道を人生に置き換えると身近なものに感じられました」（50代女性）

「人間味あふれるエピソードの数々。諦めなければ私でも八段になれるかもしれないという希望を抱きました」（60代男性）

あなたの人生、剣道を導き支えてくれる本との出合い

良書復刊（オンデマンド版）

あなたは知っているか。師範室で語られた長老の佳話の数々

師範室閑話（新装版）

上牧宏 著　四六判248頁・定価：2,750円

「師範室閑話」は剣道時代に昭和61年8月号から昭和63年12月号にわたって連載。連載中から大いに評判を呼んだ。平成3年、連載当時のタイトルと内容を見直して再構成して単行本として発刊。刊行時、追加収録「桜田余聞」は筆者が歴史探訪中に偶然得た資料による。戦闘の生々しい活写は現代剣道家にとっても参考になるだろう。

【収録項目】

一、全剣連誕生秘話　戦後、剣道は禁止されたが、その暗黒時代を乗り越え、復活に情熱を傾ける人々がいた
二、浮木　一刀流の極意「浮木」とはどんな技か……
三、かすみ　上段に対抗し得る「かすみ」について説く
四、機会と間合　七段、八段の段審査における落とし穴を解明
五、妙義道場 郷土訪問秘話　妙義道場一行が郷里・上州（群馬県）を訪問。道中、持田盛二範士の清廉な人柄を物語るエピソードが……
六、審査員の目　ある地方で老九段が稽古後、静かな口調で話す
七、斎村先生と持田先生の教え　警視庁にも中には癖のある剣士がいた。そこで斎村、持田の両範士はどう指導したか
八、古老の剣談　修道学院（高野佐三郎）と有信館（中山博道）の門閥解消に努力した人
九、ある故人の話を思い出して　荒天の日の尚道館道場。晩年の斎村五郎範士と小野十生範士が余人を交えず剣を合わす
十、小川範士回顧談　剣と禅の大家、小川忠太郎範士は二十代の前半、三十歳で死んでもいいとして、捨て身の修行をする
十一、桜田余聞　桜田門外で井伊大老を襲ったのは、元水戸藩士十七名と元薩摩藩士十一名。其の攻防を活写し、逸話も紹介

五七五七七調で理解しやすい

剣道稽古歌集 道しるべ

上原茂男 著　A5判176頁・定価：2,750円

本書は剣道時代1987年3月号から2年間にわたって連載されたものをまとめて平成元年に発刊。文武両道、芸術にも通じた上原茂男氏（剣道教士七段）が、岡田道場（館長岡田茂正範士）での修錬の過程で得た教訓を31文字にまとめた短歌約三百首を27項目に分け、その教訓の意味が歌とともに説明されている。含蓄深い道歌と分かりやすい説明文が、各々の剣道観を高めてくれると思います。歌を口ずさめばおのずと身体にしみこんでいくことでしょう。

◆剣道に虚実は非ず常に実 実の中にも虚も有りにけり

面を打つなら面、小手を打つなら小手を攻めるべきで、面を攻めているのは見せかけで、実は小手を打つという虚から実への移りは剣道にはいらない。剣道は実から実でなければならず、面で決めようとして面を打って失敗したら、相手の体勢を見て小手なり胴へいくのである。そして小手が決まったとしたら、その前の面が結果的には虚ということになり、小手が実という具合になる。しかし、あくまでも最初から実で打つことで虚が生まれてくることを忘れてはならない。

なんといってもためになる　剣道時代オススメ居合道の本

2022年2月2日付毎日新聞朝刊「BOOK WATCHING」で紹介

各界のアスリートも経験

おうちで居合道

末岡志保美 著

A5判オールカラー96頁／実技はすべて動画・英訳つき（QR コード）・定価：1,540円

オンライン講座「おうちで居合道」との併用がおススメ！

「居合道に興味があるのですが、道場へ通う時間がなかなか取れなくて……」

「それならおうちで学んでみませんか」

「えっ、道場に通わなくても学べるんですか」

「はい、この本を教材にすればおうちで本格的に学べます。オンライン講座『おうちで居合道』で構築した基礎鍛錬や体さばきなど自主稽古法が豊富に紹介してあります。居合道の新しい学び方が盛りだくさん。実技はすべて動画・英訳つきです」

「なるほど。だからおうちでもできるんですね。できそうな気がしますが、刀はどうするのですか」

「ポリプロピレン製の刀だと数千円程度で買えます。これだと年配の方、お子さんでも安心して行なえます」

「安全でしかもおうち時間を有効に使えそうですね。なにかワクワクしてきました。剣道にも役立ちそうですね」

「はい、きっと剣道にも活かせるでしょう。前述した『おうちで居合道のオンライン講座』もあり、本と併用して学べますよ」

検索「おうちで居合道」（http://ouchideiaido.com/）

なんといってもためになる　剣道時代オススメ居合道の本

こどもの居合道

末岡志保美 著

A5判オールカラー96頁・定価：1,540円

現代に生きる子供たちの力を育む

「こども向けのクラスを開講しませんか」

最初は、大人向けの指導と同じように難しい言葉を使ってしまったり、ひたすら型の稽古をさせてしまったりして、学びに来ている子たちを混乱させてしまった部分もありましたが（笑）。（中略）それらの指導を通じ、多くの子供たちと触れ合う中で、一つの強い疑問が生まれました。〝この子たちが生きていく上で、本当に必要なものはなんだろう？〟（中略）（私は）居合道に出会い日々の稽古を重ねる中で、少しずつ変化をしていきました。悩んだ時に、考えるための基準値というものが出来たのです。（著者「はじめに」より）

姿勢、体幹、集中力、コミュニケーションスキル…。現代を生きる子供たちにとって必要な力を育む伝統武道＝居合道。本書では、それらの力の源となる〝軸〟を身につけることをテーマに、イラストや図解を多く用いながら、子供たちに居合道を分かりやすく楽しく伝えていく。軸の体づくり、実技などは動画つき（QR コード）で解説しており、子供たちだけでなく、親子で一緒に楽しみながら取り組むこともできる、これまでになかった一冊。

なんといってもためになる　剣道時代オススメ居合道の本

☆居合道教本のロングセラー

居合道 その理合と神髄

檀崎友彰 著　四六判並製・定価：3,850円

斯界の最高権威の檀崎友彰居合道範士九段が精魂込めて書き上げた名著を復刻。初伝大森流から中伝長谷川英信流、早抜きの部、奥居合の部など居合道教本の決定版である。

居合道で女子力アップ 凛々しく美しく強く

女子の居合道プログラム

新陰流協会 監修　A5判96頁・定価：1,518円

現代の世相を反映し、女性も強くなることへの関心が高まっている。ぜひ皆さんも新陰流居合道を学び、強く凛々しく美しくなる女子力向上に努めよう。本書が心身両面の強さを身につける道として居合道を学んでいくきっかけとなることを望んでいる。動画（QRコード）で所作・実技が学べる。

剣道人のバイブル 小川忠太郎関連良書

剣禅悟達の小川範士が説く珠玉の講話集

剣道講話（新装版）

小川忠太郎 著　A5判548頁・定価：4,950円

剣と禅の大家であり剣道界の精神的支柱として崇拝された小川範士初めての本格的な著書。3部構成。第一部「剣道講話」で剣道の理念を、第二部「不動智神妙録」で沢庵の名著を、第三部「剣と道」で論語・孟子等の大事な問題をそれぞれ解説。剣道の普遍性を改めて認識できる。★ロングセラー本

持田盛二範士十段—小川忠太郎範士九段

百回稽古（新装版）

小川忠太郎 著　A5判446頁・定価：4,180円

「昭和の剣聖」持田先生や当時の仲間との稽古の内容を小川範士は克明に記録し、絶えざる反省と発憤の糧とした。今その日記を読むと、一打一突に工夫・思索を深めていった修行の過程をたどることができる。

現代に生きる糧　小川忠太郎の遺した魂

刀耕清話

杉山融 著　A5判344頁・定価：2,750円

剣道を通じて人生を豊かなものにしたい人にオススメ。社会人としての私たちにとって大事なことは、剣道の修行を通して、しなやかでしっかりとした自己の確立をしていくこと、すなわち、事に臨んでも揺るがない本体の養成を平素から心掛けていくことにあると思います。（著者「まえがき」より）

剣道およびその他武道関連図書

剣技向上のために
剣道上達の秘訣
中野八十二範士指導
A5判・1,923円

本書は剣技向上をめざす剣士のために、剣道の技術に関するあらゆる要素を洗い出し、その一つ一つについてこの分野における斯界の第一人者である中野範士（九段）に具体的かつ詳細に解説して頂いた。
昭和60年発刊。重版を重ねるロングセラー。

現代剣道の源流「一刀流」のすべてを詳述
一刀流極意（新装版）
笹森順造著 A5判・4,730円

今日、古流の伝書類は各流ともほとんど散逸してしまったが、奇跡的にも日本最大の流派ともいうべき一刀流の極意書が完全な形で残されており、それらをもとに著者が精魂込めて書き上げた決定版である。

正しい剣道の学び方
剣道の手順（オンデマンド版）
佐久間三郎著 B5判・3,520円

「技術編」と「無くて七癖」に分かれ、技術編ではそれぞれのランクに応じた実技を解説。「無くて七癖」ではユニークな発想で、剣道におけるたくさんの癖を列挙し、上達を妨げる諸症状の一つ一つに適切な診断を下す。

剣禅悟達の小川範士が説く珠玉の講話集
剣道講話（新装版）
小川忠太郎著 A5判・4,950円

剣と禅の大家であり剣道界の精神的支柱として崇拝された小川範士初めての本格的な著書。「剣道講話」で剣道の理念を、「不動智神妙録」で沢庵の名著を、「剣と道」で論語・孟子等の大事な問題を解説。

持田盛二範士十段ー小川忠太郎範士九段
百回稽古（新装版）
小川忠太郎著 A5判・4,180円

「昭和の剣聖」持田先生や当時の仲間との稽古の内容を小川範士は毎日克明に記録し、絶えざる反省と発憤の糧とした。今その日誌を読むと、一打一突に工夫・思索を深めていった修行の過程をたどることができる。

現代に生きる糧　小川忠太郎の遺した魂
刀耕清話
杉山 融著　A5判・2,750円

剣道を通じて人生を豊かなものに。小川忠太郎範士九段が遺した崇高なこころを解説。充実した人生の実現に向けた道標となる一冊。

生涯剣道への道しるべ
剣道年代別稽古法（オンデマンド版）
角　正武著　四六判・3,300円

教育剣道を求め続けている著者が、各年代別に留意した稽古法を解説。心身一元的に技を追求する剣道永遠の「文化の薫り」を汲み取る剣道人必携の一冊。

人生訓の数々
剣道いろは論語（オンデマンド版）
井上正孝著　A5判・4,950円

斯界の現役最長老である井上範士が、いろは歌留多の形で先人の金言・格言を解説したもので、剣道家はもちろん剣道に関心を持つ一般大衆にも分かり易く、剣道への理解を深める上で大いに参考になるであろう。

人生に生きる
五輪の書（新装版）
井上正孝著　A5判・1,980円

本書は剣道界きっての論客である井上正孝範士が初めて剣道家のために書き下ろした剣道と人生に生きる「五輪書」の解説書である。

1世紀を超える道場の教えとは
東京修道館剣道教本
中村福義著　B5判・1,780円

私設道場100年以上の歴史を持つ東京修道館。三代にわたり剣道を通して剛健なる青少年育成に努めて多くの優秀な人材を輩出した。その教育方針を三代目中村福義氏が剣道時代誌上で発表したものをまとめた一冊。

昇段審査・剣道指導にもこの一冊！
剣道の法則
堀籠敬蔵著
四六判上製・2,750円

剣を学ぶ　道を学ぶ
それぞれの段位にふさわしい教養を身に付けてほしいものである。お互いがそれぞれの技倆に応じた理論を身に付けることこそ、剣道人として大事なことではないだろうか。
著者「はじめに」より

風が生まれる　光があふれる
天馬よ 剣道宮崎正裕
堂本昭彦著 A5判上製・2,090円

全日本選手権大会６回優勝、うち連覇２回。全国警察官大会６回優勝。世界剣道選手権大会優勝。平成の剣道界に新しい風と光をもたらした宮崎正裕とその同時代に活躍した剣士たちの青春と試合の軌跡をさわやかに描いた剣道実録小説。

剣道およびその他武道関連図書

昇段審査を目指す人必読
剣道　審査員の目 1.2.3
「剣道時代」編集部編
四六判上製・各巻2,200円(第3巻は並製)

剣道範士75人が明かす高段位審査の着眼点と修行の心得とは—。剣道の理想の姿を求める人たちへの指針ともなるシリーズ。あなたはここを見られている！
意外な点に気づかされ、自分の剣道を見つめ直すことも合格へとつながる道となるだろう。

剣道昇段審査合格の秘密
剣道時代編集部編　**(新装版)**
A5判・2,750円

合格率1パーセント。日本最難関の試験に合格した人達はどんな稽古を実践したのか。八段合格者88人の体験記にその秘密があった。

全日本剣道連盟「杖道」写真解説書
改訂　杖道入門
米野光太郎監修、松井健二編著
B5判・3,666円

平成15年に改訂された全剣連杖道解説書に基づいた最新版。豊富な連続写真を元に懇切丁寧な解説付。杖道愛好者必携の書。全国稽古場ガイド付

古流へのいざないとしての
杖道打太刀入門
松井健二著　A5判・2,750円

杖道の打太刀の解説を通して、太刀遣いの基本や古流との相違点を易しく説いた入門書。武道家なら知っておきたい基本極意が満載。

水南老人講話　宮本武蔵
堂本昭彦・石神卓馬著
A5判上製・3,080円

あの武術教員養成所で多くの俊秀を育てた水南楠正位がとくに剣道家のために講義した宮本武蔵。大日本武徳会の明治もあわせて収録した。

小森園正雄剣道口述録　冷暖自知　改題
剣道は面一本(新装版)
大矢　稔編著 A5判・2,200円

「剣道は面一本！その答えは自分で出すものである」元国際武道大学武道学科主任教授小森園範士九段が口述された剣道の妙諦を忠実に記録。

生涯剣道はいがっぺよ
百歳までの剣道
岡村忠典著 四六判上製・2,640円

剣道大好き人間がすすめる生涯剣道のクスリ。「向上しつつ生涯剣道」を続けるための稽古法や呼吸法など従来にはなかった画期的な本。

生涯剣道をもとめて
石原忠美・岡村忠典の剣道歓談
石原忠美・岡村忠典著
四六判上製・2,640円

90歳現役剣士が生涯をかけて体得した剣道の精髄を聞き手名手の岡村氏が引出す。以前に刊行した「円相の風光」を改題、増補改訂版。

生涯錬磨　剣道稽古日誌
倉澤照彦著 A5判上製・3,080円

50歳で剣道八段合格。自分の修行はこれからだと覚悟を固めた著者53歳〜64歳の12年間の稽古反省抄。今は亡き伝説の名剣士も多数登場。

ゼロからわかる木刀による
剣道基本技稽古法(DVD付)
太田忠徳解説　B5判・2,200円

剣道級位審査で導入にされた「木刀による剣道基本技稽古法」。本と動画で指導上のポイントから学び方まで制定に携わった太田範士がわかりやすく解説。DVD付

居合道審査員の目
「剣道時代」編集部編
四六判上製・2,200円

居合道審査員は審査でどこを見て何を求めているか。15人の八段審査員が明かした審査上の着眼点と重要項目。よくわかる昇段への道。

剣道およびその他武道関連図書

剣道時代ブックレット②
悠久剣の道を尋ねて
堀籠敬蔵著　四六判・838円

京都武専に学び、剣道範士九段の著者が剣道生活八十年の総まとめとして日本伝剣道の歩みをまとめた魂の叫び。若き指導者に望むもの。

剣道はこんなに深い
快剣撥雲　豊穣の剣道
(オンデマンド版)
作道正夫著　A5判・2,750円

剣道もわれわれ人間と同様この時代、この社会に生きている。
日常にひそむ剣道の文化性、教育性、社会性を透視し、その意義を問いなおす。
思索する剣道家作道正夫の剣道理論が初めて一冊の本になった。大阪発作道流剣道論。

剣道極意授けます
剣道時代編集部編
B5判・2,475円

10名の剣道八段範士（小林三留、岩立三郎、矢野博志、太田忠徳、小林英雄、有馬光男、渡邊哲也、角正武、忍足功、小坂達明）たちがそっと授ける剣道の極意。教科書や教本には絶対に載っていない剣道の極意をあなたにそっと授けます。

末野栄二の剣道秘訣
末野栄二著 B5判・2,750円

全日本選手権優勝、全剣連設立50周年記念優勝等ながく剣道界で活躍する著者が、自身の優勝体験をもとに伝授する剣道上達の秘訣が凝縮された力作

本番で差が付く
剣道のメンタル強化法
矢野宏光著 四六判・1,760円

実戦で揺るがない心をつくるためのアドバイス。スポーツ心理学者が初めて紐解く、本番（試合・審査）で強くなりたい人のための剣道メンタル強化法。

社会人のための考える剣道
祝 要司著 四六判・1,760円

稽古時間が少ない。トレーニングが出来ない。道場へ行けない。もんもんと地稽古だけ続けている社会人剣士に捧げる待望の一冊。

強くなるための
剣道コンディショニング&トレーニング
齋藤実編著 B5判・2,750円

剣道の試合に勝つ、審査に受かるには準備が必要だ。トレーニング、食事、水分摂取の方法を新進の研究者たちはわかりやすく紹介する。

名手直伝
剣道上達講座1・2・3
剣道時代編集部編
B5判・1,2巻2,475円 3巻1,760円

16人の剣道名手（八段範士）が公開する剣道上達の秘訣。中級者以上はここから基本と応用を見極め、さらなる上達に必須の書。有馬光男、千葉仁、藤原崇郎、忍足功、船津普治、石田利也、東良美、香田郁秀、二子石貴資、谷勝彦ほか

剣道は乗って勝つ
岩立三郎著 B5判・1,980円

日本はもとより海外からも多数の剣士が集まる「松風館道場」。その館長岩立範士八段が剣道愛好家に贈る剣道上達のためのポイント。

剣道特訓これで進化(上)・(下)
剣道時代編集部編
B5判・各巻1,760円

昇段をめざす市民剣士のための稽古読本。多数の剣道カリスマ講師陣たちがいろいろな視点から剣道上達のために役立つ特訓を行なう。

仕事で忙しい人のための
剣道トレーニング(DVD付き)
齋藤　実著 B5判・2,970円

少しの工夫で一回の稽古を充実させる。自宅で出来る簡単トレーニングを中心に剣道上達に役立つストレッチ等の方法を紹介。

全日本剣道選手権者の稽古
剣道時代編集部編
B5判・1,980円

全日本選手権大会優勝をはじめ各種大会で栄冠を手にした４名の剣士たち（高鍋進・寺本将司・原田悟・近本巧）が実践する稽古法を完全収録。

剣道およびその他武道関連図書

勝って打つ剣道

古川和男著

B5判126頁・1,760円

隙があれば打つ。隙がなければ崩して打つ。強くて美しい剣道で定評のある古川和男範士が、勝って打つ剣道を指導する、珠玉の一冊。一足一刀の間合から一拍子で打つ剣道を求めよう

正しく美しい剣道を求める

優美な剣道 出ばな一閃

谷勝彦著

B5判132頁・1,760円

正しく美しい剣道を求めてきた谷勝彦範士。目指した山の頂を一つ超えると、見える景色もまた変わる。常に新たな発見・体験があると信じて挑戦を続けることが剣道だ。これまでの自分の修行から得たものをまとめたのが本書である。本書での二つの大きなテーマは根本的・本質的に別々のものではなく共通点や関連性があるという。

剣道昇段への道筋(上)・(下)

剣道時代編集部編

A5判・各巻2,475円

2007年～2012年の日本最難関の試験である剣道八段審査の合格者の生の体験記から審査合格の法則を学べ！

脳を活性化させる剣道

湯村正仁著

四六判・1,430円

正しい剣道が脳を活性化。免疫力・学力向上・老化予防も高める。その正しい剣道を姿勢、呼吸、心の観点から医師で剣道範士八段の筆者が紐解いて詳解する。

年齢とともに伸びていく剣道

林　邦夫著

A5判・2,200円

質的転換を心がければ、剣道は何歳になっても強くなれる。年齢を重ねてもなお最高のパフォーマンスを発揮するための方法を紐解く。

詩集 剣道みちすがら

国見修二著

A5判・1,375円

剣道を愛する詩人・国見修二が詩のテーマにはならないと思われていた剣道をテーマに綴った四十篇の詩。これは正に剣道の指南書だ！

剣道 強豪高校の稽古

剣道時代編集部編

B5判・2,200円

九州学院、水戸葵陵、明豊、本庄第一、高千穂、奈良大付属、島原の7校の稽古が事細かく写真と共に紹介されている。

剣道 強豪大学の稽古

剣道時代編集部編

B5判・1,760円

学生日本一に輝いた国士舘大学、筑波大学、鹿屋体育大学、大阪体育大学の4校の稽古を連続写真であますところなく紹介。映像を見るならDVDも発売中（定価・4,950円）

オススメ図書

あの王貞治、高倉健も学んだ羽賀剣道の気攻めと手の内

昭和の鬼才 羽賀準一の剣道

卯木照邦著

B5判並製・1,760円

羽賀準一の剣道は気迫・気位で脳髄・内臓を圧迫することだった。年を重ねても気を高めることができると考えていた。著者は学生時代から羽賀準一に師事し、現在一剣会羽賀道場三代目会長として羽賀精神の継承に努めている。

特製函入り　永久保存版

徳江正之写真集「剣道・伝説の京都大会(昭和)」

A4判・7,700円　(オンデマンド版)

初の京都大会写真集。剣道を愛した写真家徳江正之が寡黙に撮り続けた京都大会の記録。なつかしい昭和のあの風景この人物、伝説の立合がいまよみがえる。

208ページ　(2017年4月発行)

コーチングこんなときどうする?

高畑好秀著

A5判・1,760円

『いまどきの選手』があなたの指導を待っている。困った状況を解決する30の指導法を具体的な事例で実際の打開策を提示、解説する。　(2017年11月発行)

剣道「先師からの伝言」(上)・(下)

矢野博志著

B5判・各巻1,430円

60年の長きにわたって修行を続ける矢野博志範士八段が、先師から習得した心技体をあきらかにし、その貴重な伝言をいま語り継ぐ。　(2017年11月発行)

剣道 心の鍛え方

矢野宏光著

四六判・1,760円

大好評の『剣道のメンタル強化法』に次ぐ、著者の剣道メンタル強化法第2弾。パフォーマンス発揮のための心理的課題の改善に向けた具体的な取組方法をアドバイスする。　(2018年4月発行)

オススメ図書

心を打つ剣道

石渡康二著
A5判・2,750円
自分らしい「心を打つ剣道」すなわち勝敗や強弱ではなく真・善・美を共感する剣道に近づくための、七つの知恵を紹介する。（2018年７月発行）

心に響け剣の声

村嶋恒徳著
A5判・3,300円
組織で働く人は利益をめざすため顧客と対峙して戦略・戦術に従って、機を見て打ち込んでいく。剣道の本当の修錬の姿は、正にビジネスにおけるマーケティングの理想と同じであり、道の中で利益を出すことを理想とする、この剣道の考え方を働くリーダーのために著者が書き下ろした魂の作品。（2025年1月発行）

二人の武人が現代人に伝える真理

柳生十兵衛と千葉真一

小山将生著（新陰流協会代表師範）
A5判・1,540円
新陰流を通じて千葉真一氏と親しく交流していた著者が、なぜ千葉氏が柳生十兵衛を敬愛していた理由を説き明かす。

剣道修錬の着眼点

濱﨑満著
B5判・1,760円
剣道は生涯剣道といわれるように終わりがない。生涯にわたり追求すべき素晴らしい伝統文化としての剣道。その剣道修錬の着眼点とは。（2018年11月発行）

筋トレが救った 癌との命がけの戦い

吉賀賢人著
A5判・1,980円
ボディビルダーに突然襲った癌の宣告。抗がん剤も放射線も効かない稀少癌。その元ボディビルチャンピオン『吉賀賢人』の癌との戦いの記録。
（2019年１月発行）

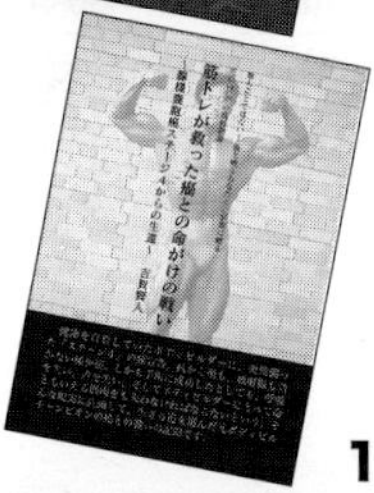

武道名著復刻シリーズ（オンデマンド版）

剣法至極詳伝
木下壽徳著
大正２年発行／四六判・3,080円

東京帝国大学剣道師範をつとめた木下翁の著になる近代剣道史上の名著を復刻。初歩から奥義に至る次第を五七調の歌に託し、道歌の一つ一つに解説がつけられている。

剣道秘要
宮本武蔵著　三橋鑑一郎註
明治42年発行／四六判・2,750円

2003年大河ドラマ関連本。武蔵が体得した勝負の理論を試合や稽古に生かしたい人、武蔵研究の材料を求めている人など、武蔵と「五輪書」に興味を持つ人におすすめしたい良書。

二刀流を語る
吉田精顕著
昭和16年発行／四六判・3,080円

武蔵の二刀流を真正面から取り上げた異色の書。二刀の持ち方から構え方、打ち方、受け方、身体の動作などの技術面はもちろん、心理面に至るまで解説された二刀流指南書。

日本剣道と西洋剣技
中山博道・善道共著
昭和12年発行／四六判・3,520円

剣道に関する書物は多数発行されているが、西洋剣技と比較対照した著述は、恐らく本書が唯一のものと言える。剣道の概要について外国人が読むことを考慮して平易に書かれている。

剣道手引草
中山博道著
大正12年発行／四六判・1,980円

剣道・居合道・杖道合わせて三道範士だった著者の門下からは多数の俊才が巣立ち、我が国剣道界に一大剣脈を形成した。その教えについて平易に解説した手引書。

剣道の発達
下川 潮著
大正14年発行／四六判・4,620円

下川氏ははじめ二天一流を学び、その後無刀流を学ぶかたわら西洋史を修め、京都帝大に入り武道史を研究した結果、本書を卒論として著作した。後世への遺著として本書が発行された。

剣道指南
小澤愛次郎著
昭和３年発行／四六判・3,300円

初版が発売されるや爆発的な評判となり、版を重ねること20数版という剣道の書物では空前のベストセラーとなった。附録に近世の剣士34人の小伝及び逸話が収録されている。

皇国剣道史
小澤愛次郎著
昭和19年発行／四六判・3,300円

剣道の歴史について詳述した書物は意外に少なく、古今を問わず技術書が圧倒的に多い。その点、神代から現代までの各時代における剣道界の動きを説いた本書は一読の価値あり。

剣道修行
亀山文之輔著
昭和７年発行／四六判・3,300円

昭和７年発行の名著を復刻。教育の現場で剣道指導に携わってきた著者が剣道修得の方法をわかりやすく解説している。

剣道神髄と指導法詳説
谷田左一著　高野茂義校閲
昭和10年発行／四六判・5,280円

668頁にも及ぶ大書であり、剣道に関するいろいろな項目を広範囲にとらえ編纂されている不朽の名著をオンデマンド復刻した。今なお評価の高い一冊である。

武道名著復刻シリーズ（オンデマンド版）

剣道講話
堀田捨次郎著
昭和10年発行／四六判・3,630円

昭和４年に天覧試合に出場したのを記念して執筆、編纂したもの。著者は数多くの剣道書を残しているが、本書はその決定版ともいえる一冊である。

剣道新手引
堀田捨次郎著
昭和12年発行／四六判・2,860円

昭和12年初版、13年に再版発行した名著を復刻。警視庁武道師範の著者が学校・警察・社会体育等の場で教育的に剣道を指導する人たちに贈る手引書。

千葉周作遺稿
千葉榮一郎編
昭和17年発行／四六判・3,630円

昭和17年発行の名著を復刻。
剣法秘訣」「北辰一刀流兵法目録」などを収録したロングセラー。

剣道極意
堀田捨次郎著
大正７年発行／四六判・3,740円

剣道の根本理念、わざと心の関係、修養の指針などを理論的に述べ、剣道の妙締をわかりやすく説明している。大正中期の発行だが、文章も平易で漢字は全てふりがな付きで、中・高校生でも読むことができる。

剣道時代ライブラリー
居合道　－その理合と神髄－
檀崎友彰著
昭和63年発行／四六判・3,850円

斯界の最高権威が精魂込めて書き上げた名著を復刻。初伝大森流から中伝長谷川英信流、早抜の部、奥居合の部など居合道教本の決定版。

剣道時代ライブラリー
剣道の学び方
佐藤忠三著
昭和54年発行／四六判・2,420円

32歳で武道専門学校教授、のちに剣道範士九段となった著者が、何のために剣道を学ぶのか、初心者でもわかるように解説した名著を復刻。

剣道時代ライブラリー
私の剣道修行　第一巻・第二巻
「剣道時代」編集部編
第一巻　昭和60年発行／四六判・5,280円
第二巻　昭和61年発行／四六判・7,150円

我が国剣道界最高峰の先生方48名が語る修行談。各先生方のそれぞれ異なった血の滲むような修行のお話が適切なアドバイスになるだろう。先生方のお話を出来るだけ生のかたちで収録したため、一人ひとりに語りかけるような感じになっている。

剣道時代ライブラリー
帝国剣道教本
小川金之助著
昭和７年発行／四六判・3,080円

武専教授・小川金之助範士十段の良書を復刻!!
昭和６年４月、剣道が中等学校の必須科目となった。本書は、その中等学校の生徒に教えるために作られた教科書であり、良書として当時広く読まれていた。

スポーツ関連およびその他オススメ図書

スポーツで知る、人を動かす言葉

スポーツと言葉

西田善夫著 B6判・1,047円

元 NHK スポーツアナウンサーの著者が高校野球の名監督・木内幸男氏を中心にイチロー、有森裕子らの名選手の言葉と会話術に迫る。(2003年12月発行)

対談・現代社会に「侍」を活かす小池一夫術

不滅の侍伝説『子連れ狼』

小池一夫・多田容子共著 四六判・1,650円

名作『子連れ狼』で描かれる「侍の魅力」について、原作者小池一夫氏が女流時代小説家多田容子氏と対談。侍ブームの今、注目の書。(2004年8月発行)

殺陣武術指導林邦史朗

特別対談/役者・緒形拳 × 殺陣師・林邦史朗

男二人お互いの人生に感ずる意気

林邦史朗著 四六判上製・1,760円

大河ドラマ殺陣師として知られる林邦史朗氏が殺陣の見所や作り方を紹介。さらに終章で殺陣が持つ魅力を役者緒形拳氏とともに語っていく。(2004年12月発行)

北京へ向けた0からのスタート

井上康生が負けた日

柳川悠二著 四六判・1,320円

日本中が驚いたアテネ五輪での「本命」、柔道井上康生の敗北理由を彼の父であり師でもある井上明氏への密着取材から導いていく。(2004年12月発行)

座頭鯨と海の仲間たち 宮城清写真集

宮城 清著 B5判・1,980円

沖縄慶良間の海に展開するザトウクジラを撮り続けて20年。慶良間の海で育ったカメラマン宮城清が集大成として上梓する渾身の一冊。(2005年12月発行)

定説の誤りを正す

宮本武蔵正伝

森田　栄著 A5判・3,850円

今までいくつの武蔵伝が出版されてきたであろう。著者があらゆる方面の資料を分析した結果解明された本当の武蔵正伝。(2014年10月発行)

自転車旅のすすめ

のぐちやすお著 A5判・1,760円

サイクリングの魅力にとりつかれ、年少時の虚弱体質を克服。１９８１年以来、世界中を計４３万キロ走破。その著者がすすめる自転車旅。(2016年７月発行)

スポーツ関連およびその他オススメ図書

勝負を決する！ スポーツ心理の法則

高畑好秀著 四六判・1,760円

心を強く鍛え、選手をその気にさせる18のメンタルトレーニングを「なぜ、それが必要なのか」というところから説き起こして解説。(2012年1月発行)

もっとその気にさせるコーチング術

高畑好秀著 四六判・1,760円

選手と指導者のためのスポーツ心理学活用法。選手の実力を引出す32の実戦的方法。具体例、実践アドバイス、図解で選手が変わる！(2012年9月発行)

スポーツ傷害とリハビリテーション

小山 郁著 四六判・1,980円

スポーツで起こりやすい外傷・障害についてわかりやすく解説。重症度と時間経過に応じた実戦的なリハビリプログラム40。(2013年12月発行)

チーム力を高める36の練習法

高畑好秀著 A5判・1,760円

本番で全員が実力を出しきるための組織づくり。チーム力アップに必要なユニークな実践練習メニューを紹介。楽しみながらスキルアップ。(2014年4月発行)

やってはいけないコーチング

高畑好秀著 四六判・1,760円

ダメなコーチにならないための33の教えをわかりやすくレクチャー。好評の「もっとその気にさせるコーチング術」に続く著者第３弾。(2015年3月発行)

女子選手のコーチング

八ッ橋賀子著 A5判・1,760円

今や目を見張る各スポーツ界における女子選手の活躍。経験から養った「女子選手の力を100％引き出すためのコーチング術」を伝授。(2015年7月発行)

野球こんなときどうする？

高畑好秀著 A5判・1,760円

野球の試合や練習中に直面しそうなピンチの場面を30シーン取り上げて、その対処法と練習法を教えます。自分でできるメンタル調整法。(2016年1月発行)

選手に寄り添うコーチング

八ッ橋賀子著 A5判・1,760円

著者、八ッ橋賀子のコーチング第二弾！　メンタルトレーナーの著者が、いまどきの選手をその気にさせ、良い結果を得るために必要な選手に寄り添うコーチング術を伝授する。(2017年３月発行)

ボディビルディングおよびウエイトトレーニング関連図書

ポイント整理で学ぶ実践・指導のマニュアル
競技スポーツのためのウエイトトレーニング
有賀誠司著　B5判・3,300円

ウエイトトレーニングが競技力向上や傷害事故の予防に必須であるという認知度が上がってきている中、指導者に問われる基礎項目はもちろん、各部位別のトレーニングのテクニックを約600点におよぶ写真付きで詳しく解説している。

ボディビルダー必読、究極の筋肉を作り上げる
ボディビルハンドブック
クリス・アセート著 A5判・1,980円

ボディビルダーにとってトレーニングと栄養学についての知識は必須のものであるが、その正しい知識を身に付け是非ともその努力に見合った最大限の効果をこの一冊から得てほしい。又ストレングスの向上をめざすトレーニーにもお勧めである。

すぐに役立つ健康と体力づくりのための
栄養学ハンドブック
クリス・アセート著 A5判・1,980円

我々の身体は日々の食事からつくられている。そして、その身体を正常に機能させるにはさまざまな栄養素が必要である。その一方で、最近は栄養の摂りすぎ又バランスのくずれが大きな問題となっている。では、どのようなものをどのくらい食べればよいか、本書が答えてくれる。

トレーニングの歴史がこの一冊でわかる
私のウェイトトレーニング50年
窪田 登著 A5判上製函入・8,905円

ウエイトトレーニングの先駆者である窪田登氏が自ら歩んできた道程を書き綴った自叙伝に加え、ウエイトトレーニングの歴史、そこに名を残す力技師たちなどが紹介されている。ウエイトトレーニング愛好者なら必ず手元に置いておきたい一冊。

パワーリフティングの初歩から高度テクまで
パワーリフティング入門
吉田　進著　B5判・1,620円

スクワット、ベンチプレス、デッドリフトの挙上重量のトータルを競うパワーリフティング。強くなるためには、ただ重いものを挙げれば良いというものではない。そこには科学的で合理的なアプローチが存在する。その方法が基礎から学べる一冊。

トップビルダーの鮮烈写真集
BODYBUILDERS
岡部充撮影　直販限定本（書店からは不可）
A4判上製・特価2,989円（カバーに少し汚れ）

80年代から90年代にかけて活躍した海外のトップビルダーたちが勢ぞろいした贅沢な写真集。リー・ヘイニー、ショーン・レイ、ビンス・テイラー、ティエリー・パステル、ロン・ラブ、ミロス・シャシブ、リッチ・ギャスパリ、フレックス・ウィラー他

スポーツマンのための
サプルメントバイブル（新装版）
吉見正美著　B5判・2,090円

日本でも最近スポーツ選手を中心に大いに注目されるようになったサプルメント。それは通常の食事からは摂りきれない各種の栄養を補う栄養補助食品のこと。本書は種類およびその使用方法から適切な摂取量などにわたり、すぐに役立つ情報が満載。

初心者でも一人で学べる
部位別ウエイトトレーニング
小沼敏雄監修　B5判・1,650円
（85、87～99年日本ボディビル選手権チャンピオン）

ウエイトトレーニングを始めたい、でもスポーツジムへ行くのは嫌だし身近に教えてくれる人もいない。この本は各筋肉部位別にエクササイズを紹介し、基本動作から呼吸法、注意点等を分かりやすく解説しているので、これからウエイトトレーニングを始めたい人にも是非おすすめしたい一冊。

ボディビルディングおよびウエイトトレーニング関連図書

理論と実践で100%成功するダイエット **ダイエットは科学だ** クリス・アセート著 A5判1,430円	この本を読み切る事は少々困難かもしれない。しかし、ダイエット法はすでに学問であり科学である。そのノウハウを修得しなければ成功はあり得ない。だが、一度そのノウハウを身に付けてしまえばあなたは永遠に理想のボディを手に入れることができる。
日本ボディビル連盟創立50周年記念 **日本ボディビル連盟50年の歩み** 50年史編纂委員会編集 A4判・2,750円	敗戦の混乱の中、ボディビルによって明るく力強い日本の復興を夢みた男たちの活動が、JBBFの原点だった。以来数々の試練を乗り越えて日本オリンピック委員会に正式加盟するに至る激動の歴史を、各種の大会の歴史とともに網羅した、資料価値の高いビルダー必携の記念誌。
スポーツトレーナーが指導している **これが正しい筋力トレーニングだ!** 21世紀筋力トレーニングアカデミー著 B5判・1,572円	経験豊富なスポーツトレーナーが、科学的データを駆使して解説する筋力トレーニングの指導書。競技能力を高めたいアスリート必見!「特筆すべきは、トレーニングの基礎理論と具体的方法が研究者の視線ではなく、現場指導の視線で捉えられている」(推薦文・石井直方氏)
筋力トレーニング法100年史 窪田 登著　B6判・1,100円	80年代発刊の名書に大幅に加筆、訂正を加え復刻させた待望の一冊。ウェイトトレーニングの変遷を写真とともに分かりやすく解説。
スポーツトレーナー必読! **競技スポーツ別ウェイトトレーニングマニュアル** 有賀誠司著　B5判・1,650円	筋力トレーニングのパフォーマンス向上の為に競技スポーツ別に解説する他、走る・投げる・打つ等の動作別にもくわしく解説している。
続・パワーリフティング入門 吉田 進著　B5判・2,090円	現在発売中の『パワーリフティング入門』の続編。中味をさらにステップアップさせた内容となり、より強くなりたい方必読の一冊。
ベンチプレス 基礎から実践 東坂康司著　B5判・2,860円	ベンチプレスの基本事項ならびに実際にトレーニングを行う上での重要ポイントを分かりやすく具体的に解説。ベンチプレス本初の出版。
ベンチプレス フォームと補助種目 東坂康司著　B5判・1,980円	大好評のシリーズ第1巻「基礎から実践」に引続いて、個別フォームの方法やベンチプレス強化の上でも効果のある補助種目を詳細に解説。
究極のトレーニングバイブル 小川 淳著　B5判・1,650円	肉体と精神　究極のメンタルトレーニングであるヘビーデューティマインドこそ、ウエイトトレーニングに悩む多くの競技者の一助になる一冊である。
アスリートのための分子栄養学 星 真理著　B5判・2,343円	人それぞれで必要な栄養量は大きく違うはずである。本書では、分子栄養学的に見た栄養と体の働きの深い関わりを分かりやすく解説。

お申し込み方法

[雑誌定期購読]　ー送料サービスー

(年間購読料)	剣道時代	11,760円(税10%込)
	ボディビルディング	13,200円(税10%込)

TEL、FAX、Eメールにて「○月号より定期購読」とお申込み下さい。後ほど口座振替依頼書を送付し、ご指定の口座から引落しをいたします。(郵便振替による申込みも可)

[バックナンバー注文]

ご希望のバックナンバーの在庫の有無をご確認の上、購入金額に送料を加え、郵便振替か現金書留にてお申込み下さい。なお、最寄りの書店での注文も出来ます。(送料) 1冊150円、2冊以上450円

[書籍・DVD等注文]

最寄りの書店、もしくは直接当社(電話・FAX・Eメール)へご注文ください。

当社へご注文の際は書名(商品名)、冊数(本数)、住所、氏名、電話番号をご記入ください。郵便振替用紙・現金書留でお申し込みの場合は購入金額に送料を加えた金額になります。一緒に複数の商品をご購入の場合は1回分の送料で結構です。

(代引方式)

TEL、FAX、Eメールにてお申込み下さい。

● 送料と代引手数料が2024年4月1日より次のように改定されました。なにとぞご理解のほどよろしくお願い申し上げます。
送料(1回につき)**450円**　代引手数料**350円**

[インターネットによる注文]

当社ホームページより要領に従いお申込み下さい。

体育とスポーツ出版社　検索

※表示価格は税込　※クレジットカード決済可能(国内のみ)

(株)体育とスポーツ出版社

〒135-0016　東京都江東区東陽2-2-20 3F

[営業・広告部]

TEL 03-6660-3131　FAX 03-6660-3132
Eメール　eigyobu-taiiku-sports@thinkgroup.co.jp
郵便振替口座番号　00100−7−25587　体育とスポーツ出版社

[剣道時代編集部]

〒101-0065　東京都千代田区西神田2-4-6宮川ビル2F
TEL 03-6265-6554　FAX 03-6265-6553

[ボディビルディング編集部]

〒179-0071　東京都練馬区旭町3-24-16-102
TEL 03-5904-5583　FAX 03-5904-5584

剣道は乗って勝つ

岩立三郎著

剣道は乗って勝つ／目次

第一章

技術指導

乗って打つ

姿勢で乗り、目線で乗れば相手に乗って打つことができる

今日は「乗って打つ」というテーマをいただきましたので、「乗る」ということについて私の思うところを話したいと思います。

まず、乗るとはどのような状態を指すのでしょうか。ただ相手を打つだけでは乗ったとは言えません。一つ例を挙げてみましょう。昨今は〝刺し面〟と言われる下からすくい上げるような打突が横行していますが、ああいった技を乗ると言わないのは、みなさんも感覚的に解ると思います。乗ることの大前提は、竹刀が打突部位めがけて上から振り下ろされていなければなりません。

では、相手に乗って打つためにはどうすればよいかですが、一番大きな要素は「姿勢」であると私は考えます。面も小手も胴ももちろん突きも、乗って打つためには姿勢が整っていなければなりません。今回は乗って打つために必要な姿勢について、いくつかの部分に分けて検証してみたいと思います。

下半身をつくる話

細かい説明は後述するとしまして、ここでは姿勢がどれだけ重要かということについて、上半身と下半身に分けて説明していきましょう。

まず下半身についてですが、下半身で重要な部分は「かかと」「ひかがみ」です。これはどの先生方も言われていることだとは思いますが、私はこの二カ所が相手に乗るための姿勢をつくり出す根幹になると考えています。「かかと」については、かかとの高さが重要です。かかとの高さを決めることによって、足の裏と床の接地面に余すことなく力を伝えることができます。足が撞木足や鉤足になっていると、打突時に身体が曲がってしまい、相手に乗ることは難しくなってしまいます。

「ひかがみ」については曲げないことが大事です。ひかがみが曲がっていると、打突時にどうしても足が跳ねてしまいます。これは前述のかかとにもつながってきますが、ひかがみが曲がっているとかかとが必要以上に上がり、撞木足にもなりやすくなります。ひかがみについては伸ばせ伸ばせと指導されますが、伸びすぎても良くありません。これはすべてのことに通じてきますが、何事もやりすぎは良くないものです。ひかがみを伸ばす中でも絶妙な緩みを持たせる。このバランスが大事になります。これらの部分を注意することによって、安定した下半身を手に入れることができます。

上半身をつくる話

上半身については、「腰」「下腹」「胸」「襟」などに、正しい姿勢、乗って打つための姿勢をつくるポイントがあります。

まず「腰」についてですが、腰は左腰が逃げないようにし、つねに相手と正対するようにします。そのためには、腰ではなく臀部を締めるようにすると、左腰が逃げず、左足の親指もまっすぐ前を向き、安定した姿勢で相手と正対することができます。

「下腹」についてはよく言われることでしょう。下腹に力を入れろは、剣道をしてきた者であれば誰もが一度は受けたことのある指摘のはずです。下腹に力を入れるというのは、ただ腹に力を入れることではありません。抽象的な話になってしまいますが、「気」を下腹に下ろすというのが一番適した言葉になるでしょうか。下腹に力が溜まっていると、自分でもびっくりするような技が出るものです。

少し話は逸れますが、私はこれまで六十年に渡って剣道に携わってきました。その中で二度だけ、試合の中で腹に力の溜まった最高の打突を決めたことがあります。一つは山口県で行なわれた東西対抗での有満政明先生との試合。もう一つは鳥取で行なわれた東西対抗での井上茂明先生との試合です。これらはどちらも一生の思い出です。今振り返れば技に欠点はありますが、その時は完全に乗ったという手ごたえがありました。

話を続けましょう。続いては「胸」です。胸は姿勢と大きなつながりがあります。背中が丸まり、前かがみの姿勢になると、相手に乗るような打突をくり出すことはできません。胸を広げることによって背筋が張り、正しい姿勢を維持することができます。加えて胸を広げると自然に呼吸が下がり、下腹に力を入れることにもつながります。

最後は「襟」です。上半身の中ではここが一番意識すべき部分かもしれません。というのも、襟さえ意識をしておけばほとんどの部分が矯正されるからです。首と稽古着の襟をピタリと着けることによって上半身が前かがみにならず、自然と正しい姿勢になります。

目線と竹刀操作の話

　身体の部分部分をそれぞれ丁寧に注意しておくことで、正しい姿勢を手に入れることができます。そして、正しい姿勢を維持する最後の仕上げとして意識しておきたいのが「目線」です。下から上をのぞき見るような目線では相手に乗ることはできません。「遠山の目付」という教えがありますが、相手の頭頂部の後ろを見るようなつもりで目線を上げておくと良い姿勢を維持することができます。前述した通り、相手に乗るには竹刀が打突部位めがけて上から振り下ろされていることが前提としてあります。目線が下からうかがっている場合はほとんどが刺すような打突になってしまいますので、目線は乗るということと大変深いつながりがあるのです。

　相手に乗って打つための正しい姿勢を手に入れたら、次に意識しなければならないのは「竹刀操作」についてです。まずは「素振り」についてですが、全日本剣道連盟では素振りをする際は、四十五度に振りかぶりなさいと指導しています。この指導は習熟者に対しては有効ですが、初心者となるとどうでしょうか。初心者を指導する上でまず大事なことは、身体を大きくつかわせることだと思います。剣道をはじめた当初から四十五度の素振りをしていると、肩をつかった振りができません。ですから、手先だけをつかった刺し面のような打突になってしまうのです。私が剣道をはじめたころは、素振りは剣先を背中にしっかりつけなさいと指導されました。そうすることで肩のつかい方をおぼえ、ひいては乗って打つための素地を養うことができるのです。

　もう一つ、「剣先の方向」についても触れておきましょう。自分の剣先がどこにあるか、これを意識している人は意外と少ないのではないでしょうか。昔の先生方は、相手の左目に剣先をつけなさいと指導されました。俗にいう「三角矩の構え」は、相手の面も小手も胴も、すべての技を防ぐことができます。しかし、これも先ほどの素振りと同じく、習熟者はそれでいいですが、初心者がこの構えをしてしまうと剣道の成長を阻害してしまう恐れがあります。伸びのある剣道を目指すには、やはり身体の中心に剣先を持っていくべきでしょう。打たせないための構えでなく、相手を打つための構えを意識して稽古を続けることで、徐々に剣道が成熟していき、乗って打つことも可能になると思います。

小手を打たない話

　乗って打つことと関連していますが、実は私は公式試合で一本も小手を決めたことがありません。本当です。なぜ小手を決めたことがないのかというと、第一に小手をそれほど出さないからです。当然小手技の重要性は理解しているつもりですが、小手を出さないのはそれなりの理由があります。

　私が小手をあまり出さなくなったのは、小森園正雄先生（範士

第四六回全日本東西対抗鳥取大会。副将戦で奈良の井上茂明範士と対戦した岩立範士は、二分過ぎ、色なく面に跳んで井上範士に乗った（写真）

九段・故人）のご指導と関係しています。小森園先生が九段に昇段されたのが平成元年のこと。そのころ私は全剣連の合同稽古や国際武道大学の稽古で何度も小森園先生に稽古をお願いしていました。ある稽古でのことです。私が先生の攻めを恐れて小手を出すと、「バカモン！」ときついお言葉をいただきました。「なぜそんなところで小手を打つのか！」と。乗るということに関していえば、相手を恐れて出した小手など乗るどころか先生を触ることだってできません。相手を恐れれば恐れるほど、面には行きづらくなります。そんな時、その場しのぎで出した小手に小森園先生は腹を立てたのでしょう。恐がって出す技は自分の体勢をも崩してしまいます。以来、私はしっかりと相手に乗っていくことを心がけ、試合で決まる技のほとんどは面と胴になりました。

乗るということに関しては、岡憲次郎先生（範士八段・故人）も深い考えをお持ちだったようです。私が岡先生とはじめてお会いしたのは四十一歳の時だったでしょうか。先生は晩年、公的な仕事をすべて終えられてから、私の道場に足をお運びいただくようになりました。

岡先生から指導を受けたことの一つに、剣道に対する姿勢があります。私が先生に、道場生に向けてお話をしてくださいとお願いしても、先生は頑なにうんと言ってくれませんでした。その理由を聞くと、「大勢を前に話をしても、百人いたら二十人ほどしか話を聞いていないし、聞いていても覚えていない。もし解らないことがあれば、自分から質問にくるはずだ」とのことでした。

先生は自分から質問にくる者に対しては、お持ちの知識を惜しげもなく伝えていました。道場の柱のそばで指導している姿は、今でも私の目に焼きついています。

第四〇回全日本東西対抗山口大会。岩立教士（当時）は四将戦で鹿児島の有満政明教士と対戦。岩立教士は有満教士の中心を割るように攻め入ると、すかさず最短距離で面を打った（写真）

先生がお話することのほとんどは「乗る」ことについてでした。これまで私がお話してきたことは、小森園先生や岡先生など、多くの先生からいただいたお話を実際に自分で体験し、咀嚼してきたことがほとんどです。

＊

私は今年で七十三歳になりました。剣道修業のポイントということで最後に一つ言わせていただければ、それは加齢との戦いでもあります。年齢を重ねるにつれ、人間はだんだんと体型が崩れ、あちこちケガをしたり病気になったりします。そうすると身体が丸くなり、立ち姿にも美しさがなくなります。私は今回、「姿勢」という部分に重きを置いて「乗って打つ」ことについてお話をしてきましたが、剣道を修業するみなさんには、是非良い姿勢とはなにかをつねに頭に置いて稽古を続けていただきたいと思います。意識さえしていれば、いつまでも美しい姿勢で相手と対することができますし、乗って打つことも実践できます。

相手に乗って打つにはスピードが必要だと思われがちですが、実際はそうではありません。相手と気を合わせ、正しい姿勢で攻め合いを行なっていれば、乗る機会はおのずと見えてきます。剣道は年をとるほどに楽しめるというのが私の持論ですが、剣道を楽しむためにも、今回お話させていただいたことが少しでもみなさんのお力添えになれば幸いです。

左足かかとは床から二センチ程度、ひかがみは絶妙な緩さで伸ばす

左足の状態は姿勢に大きな影響を及ぼします。とくにかかとの高さは気をつけておかなければなりません。左足のかかとはどんなに高くても2センチ程度でしょう。それ以上高くしてしまうと姿勢が崩れ、打突時に身体が曲がってしまうおそれがあります。かかとの高さを2センチ程度にとどめておけば、足と床との接地面に力が伝わり、無理なく足を蹴り出して身体を前に運ぶことができます。

ちなみに右足のかかとについては、ベタ足にならないよう紙一枚分程度浮かせておきます。そうすることによって足を自在に動かせるようになり、打突の瞬間もスッと抵抗なく右足を出すことができます。両足ともにつま先は相手を向くようにしておきましょう。

ひかがみについては、ひかがみが緩んで膝が曲がってしまうと、乗って打つ打突が非常に困難になります。ひかがみとかかとは連動しており、ひかがみが曲がるとかかとが高くなる、もしくは足が開いて相手に向かってまっすぐ跳ぶことができません。よくひ

×

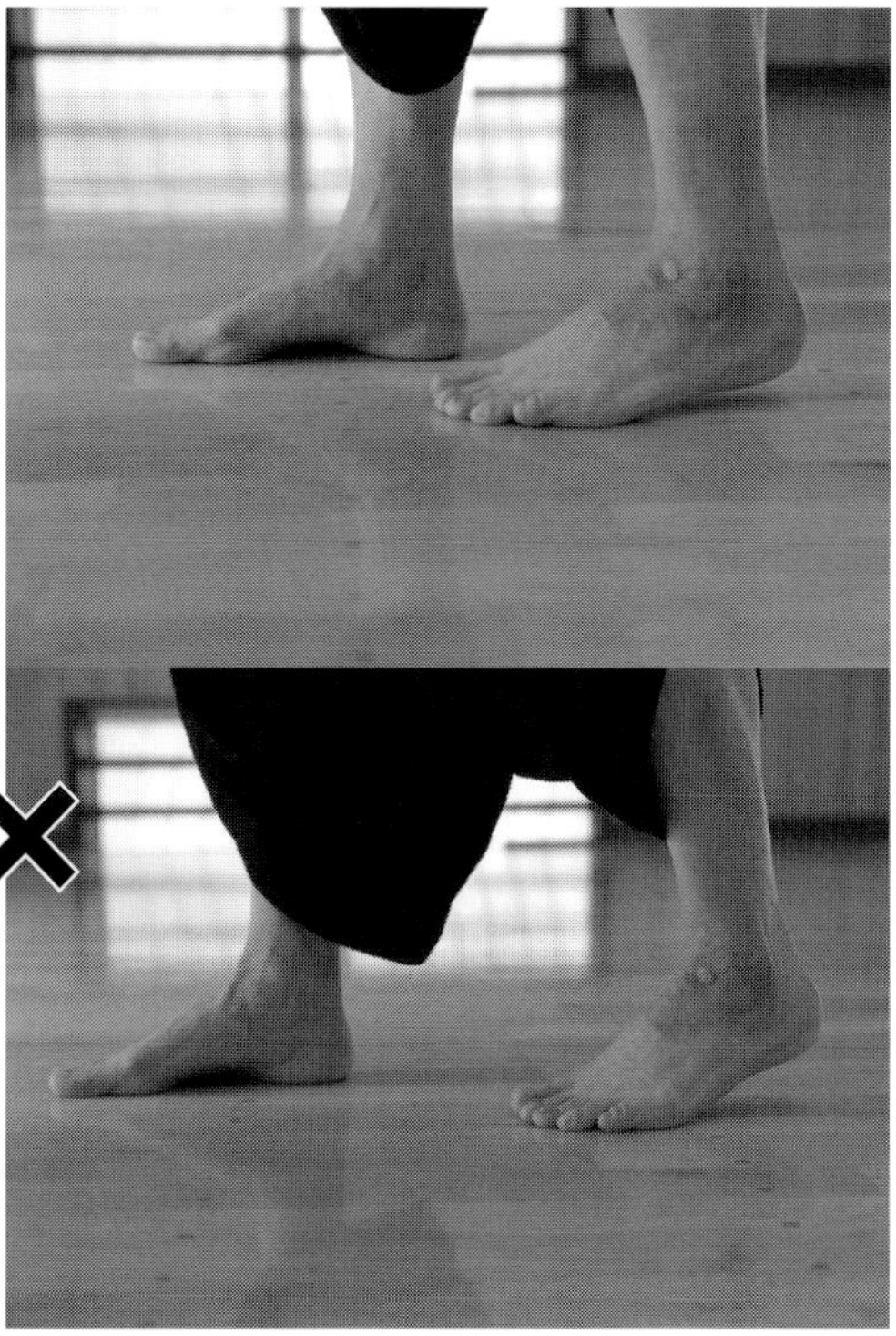

かかと
左足のかかとはあまり高く上げすぎないようにする。高くなると足幅が開いて姿勢が崩れたり、撞木足や鉤足などの原因ともなる

×

ひかがみ
ひかがみは膝が曲がらない程度に伸ばすが、あまりピンと張りすぎないように注意する。ひかがみが伸びすぎたりゆるみ過ぎたりすると、相手の動作に対して瞬間的な対応ができなくなる

かがみは伸ばしなさいという指導を耳にしますが、伸ばし過ぎも禁物です。絶妙な緩みを保ちつつ伸ばす、これがひかがみをうまく機能させるためのポイントです。

臀部に力を込めて腰を決め、下腹に呼吸をおろす

昔の先生方はよく「肛門を締めろ」という指導をされましたが、私は腰に意識を持たせる際に、「お尻のえくぼに力を入れなさい」と言います。臀部には顔にできるえくぼのように力をいれるとへこむ部分があります。ここに力を入れると腰が決まり、逃げていた左腰がスッと入ります。しかも、左足の親指もまっすぐ正面を向きます。

私は腰に意識を持たせる一つの方法として、面紐を腰に巻くようにしています。これはその昔、居合の大家である藤田正先生に教えていただいたのですが、面紐を巻くと腰に意識がいき、ビシッと決まる感覚があります。私はこの方法を教えていただいて以来、三種の神器のようにいつも面紐を持ち歩いて、稽古の時は巻くようにしています。

腰に力を込めたら、次に大事になるのは下腹です。下腹に気を溜められるようになると、剣道がグッと良いものになります。下腹に気を溜めるには、呼吸を下へとおろす意識を持つことが重要

下腹に呼吸をおろす作業は、気を溜めるといった意味でも大変重要になる。呼吸をおろすことができれば構えにゆとりが生まれ、心身が充実してくる

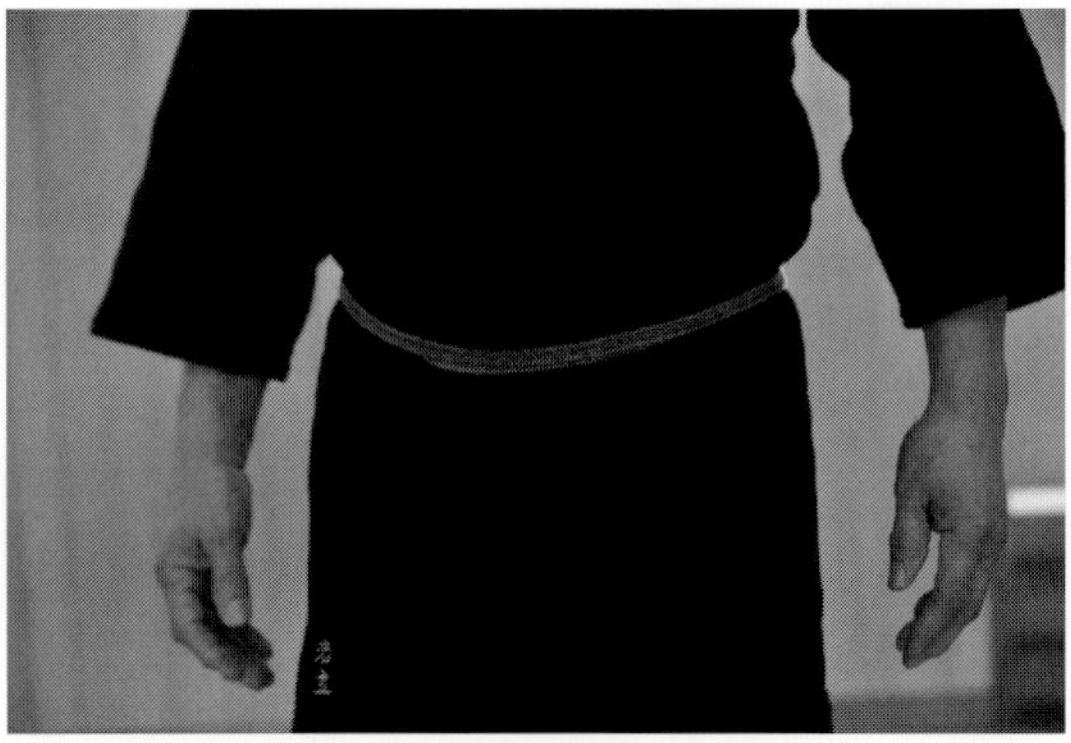

乗って打つためには、身体が相手と正対している必要がある。面紐を腰に巻くと左腰が逃げずにスッと入り、着装が決まる

です。胸から下腹、さらにかかとまでおろすことができれば、自分でも予想だにしなかったような技が出ます。かかとまで呼吸をおろすことは並大抵のことではありませんが、ぜひ意識してみて下さい。

肩甲骨を寄せて胸を開き、首と稽古着の襟をピタリとつける

上半身で気をつけておかなければならないのは胸と襟です。この二カ所は姿勢と直結しているので、かならず意識を持って稽古に取り組むようにしましょう。

まず胸ですが、胸は広げておかなければなりません。胸を広げることで懐にゆとりが生まれます。背中の肩甲骨を寄せる意識を持つと胸が広がり、丸くなった姿勢から背筋がピンと張るようになります。前かがみで縮こまった姿勢では良い技は出ません。技というものは柔軟性があってはじめて出るものですから、しっかりと余裕をもって胸を広げておきましょう。

胸の広がりは背中を見るとよく解る。肩甲骨が寄っていないと背中が丸くなり、構えが小さく窮屈になってしまう

首と稽古着の襟をつけておくことで、目線が上がり背筋の張った構えになる。反対に首と襟に隙間があると、下から見上げるような構えになり、乗って打つことはできない

蹲踞の瞬間も首と襟を意識しておくと、気の充実した蹲踞が実践できる

襟は良い姿勢を維持するために一番意識しなければならない部分です。これまで下半身から意識すべき個所を並べてきましたが、襟さえ意識しておけばおおよそ良い姿勢になります。稽古着の襟と自分の首をピタリとつけ、隙間ができないようにする。そうすると自然と目線が上がり、姿勢が整います。

この襟を意識することは、蹲踞の場面でも同様です。あごを引き首と襟をつけることで、気の充実した蹲踞を実践することができます。蹲踞は意外と気が抜けやすい瞬間でもあるので、この意識は大変良い効果を生むはずです。

相手の頭頂部の後ろに目線を置き、上から見下ろすように相手を見る

目線は姿勢と大変密接な関わりがあります。相手をうかがい、下から見上げるような目線では、相手に乗ることは難しくなります。

「遠山の目付」という教えがありますが、あれはまさしく本当のことだと思います。私は相手の頭頂部の後ろに目線を置き、上から見下ろすような気持ちで相手を見るようにしています。そうすると、自然と姿勢が整い、充実した構えが実践できます。

前述の襟の話ともつながりがありますが、首と襟に隙間があると目線が下がった構えになります。このような構えは面金の天がかならず前へ落ちており、目線も物見から外れています。下からすくい上げるような打突になりますから、乗って打つことはできません。

目線が下がれば姿勢が悪くなるだけでなく、直接的な害も出てきます。それは間合についてです。目線が下がり、頭が下を向いた構えは、実際十センチ程度相手との間合が近くなります。反対に目線を高く保てている人は、相手から見て面がかなり遠くに感じるはずです。この十センチは実戦においてかなりの有利不利をもたらすので、目線はやはり大事にしなければならない部分と言えます。

下から見上げるような目線の置き方は、姿勢が崩れる原因にもなる。間合も相手と近くなり、隙を与えてしまいかねない

目線は相手の頭頂部の後ろに置く。そうすることで自然と姿勢が良くなり、懐の深い充実した構えが実践できる

肩をつかった竹刀操作を心がけ、剣先の方向にも気を配る

上半身と下半身における留意すべき点をチェックし、乗って打つための姿勢が整った後は、竹刀操作について考えてみましょう。とくに素振りは重要です。

乗って打つためには、竹刀を上から下に振り下ろす必要があることは前述しました。しかし昨今は〝刺し面〟のような下から上にすくい上げる打突が目につきます。こうなってしまった理由の一つとして、素振りの仕方が挙げられると思います。

私が若いころは、素振りは剣先が背中につくまで振りかぶるのが通常でした。そうすることで肩のつかい方を学び、大きな剣道を養っていったのです。しかし最近では、肘から先で竹刀を振り、肩をまったくつかわないような素振りをよく見かけます。これではすくい上げるような打ち方になってしまうのもやむをえない

素振りを行なう際は、剣先が大きく弧を描くようにし、しっかりと肩をつかう。そうすることで竹刀操作のコツが身につき、乗って打つことも可能になる

竹刀を振りかぶる時は、左手の小指・薬指・中指が開いてしまわないように注意する

ことでしょう。とにかく剣先が大きな弧を描くような素振りを心がける。そうすることで、竹刀操作のコツが自然と身体に染み込んでいきます。

　剣先の方向についてはまっすぐ相手の中心につけておきましょう。自分の剣先がどこにあるかを意識しながら相手の動きを観察することで、相手の隙や機会が見えてくるようになります。

打突はすべて上から打つことを心がければ、相手に乗ることができる

最後は乗って打つことについて、いくつかの技の過程とやってはいけないことを紹介しておこうと思います。

まずは面打ちですが、上から乗る気持ちで相手を引き出すことが重要です。上から乗るように攻め、相手がハッとする瞬間を打ちます。

　小手打ちについては、潜って打たないようにしなければなりません。懐に潜ろうとすると体勢が崩れますから、当然乗って打つことはできなくなります。つねに上から打つ気持ちで相手と対峙し、攻め合いの中から相手に乗って手元を浮かせることを心がけましょう。

　胴打ちは乗るという言葉とあまりつながりがないように思えますが、これも他の技と同じく、乗って相手を引き出すことが重要になります。ただ相手の技を待って抜くだけでは乗ったとは言え

上から乗って面を打つ　上から攻めて相手を引き出し、相手が出てくる端を打つ

上から乗って小手を打つ

上から攻めて相手を圧し、相手が我慢しきれず手元を上げたところを打つ

上から乗って胴を打つ

上から攻めて相手を圧し、相手が我慢しきれずに動いたところをすかさず胴に変化して打つ

相手の懐に潜って打とうとすると体勢が崩れ、乗って打つことができない

相手の打突を待って打とうとすると体勢が崩れる。攻めて相手を引き出すことが胴技の最大のポイントになる

ません。まず上から乗るような気持ちで攻め込んでいき、相手が我慢できずに出てきたところを胴に抜くことができたのならば、それは乗ったのと同じことです。

これらを実践するためには、相手と合気になることが大切です。合気を心がければ稽古が充実し、乗って打つという剣道における一番の醍醐味を味わうことができるはずです。

肩を意識する

肩は有効打突を生む要素
会心の一本は肩甲骨を使って打つ

肩を意識することは有効打突を生み出す大きな要素のひとつだと思います。もともと剣道は真剣勝負を処する闘争手段であった剣術から昇華されたものであり、剣道における「一本」とは「相手を切ることができる」技です。相手を切ることができるような技をくり出すためには、肩を大きく使って打突しなければなりません。手首、肘の動きのみでの打突では、相手の打突部位に竹刀を当てるだけになり、有効打突の条件にかなった一本とはいえないのです。手首、肘、肩を連動させて打突し、相手の頭のてっぺんから足元まで切りきるような技を日々の稽古で出せるよう努力することが上達につながると考えています。

肩甲骨で変わる構え

肩甲骨を内側に入れた状態を保つ

剣道は無意識に打った一本が本当の一本といわれています。その一本を打つために日々の稽古で意識しなければならない部分がたくさんあると考えています。そのひとつが肩です。肩を意識するためには、肩そのものを意識するのではなく、肩甲骨を意識するとよいと思います。肩甲骨が直立状態よりも内側に入っていることを感じ取るのです。肩甲骨が内側に入っているイメージを持ったまま相手と攻め合い続けることが「いつでも打てる剣道」につながります。

この肩甲骨を意識した構えと意識しない構えは明らかに異なります。肩甲骨を意識した構えは左右の肩が平行になります。肩から腕がぶらさがったようになり、脇が無理なく締まります。肘もほどよく曲がり、左手をへその延長線上に留めておくことができます。この構えが「勝負の構え」です。このように構えることができれば、打突のときにも肩を使って竹刀を振り上げることができ、大きな技をくり出せるようになると考えています。

　反対に、肩甲骨を意識していない構えは右肩が下がります。肩に必要以上に力が入り、肘がピンと張ってしまいます。左手はへそよりも下に移動し、剣先も高くなってしまいます。この構えは「居つき」の構えです。自分からスムーズに打ち込むことはまずできません。相手の打突に対しても、瞬時に対応することができないため、格好の的になってしまうでしょう。

肩甲骨を意識し、いつでも打てる構えをつくる

肩甲骨を意識した構えは左右の肩が平行になる（写真上）。肩から腕がぶらさがり、脇が無理なく締まる。肘もほどよく曲がり、左手をへその延長線上に留めておくことができ、いつでも打てる体勢をつくれる。
反対に、肩甲骨を意識していない構えは右肩が下がる（写真下）。肩に力が入り、肘がピンと張り、左手がへそよりも下に移動し、剣先が高くなり、スムーズに技を出せない

肩甲骨を意識した構えはこうつくる

竹刀を背中につける素振りと刀による構えの稽古が重要

　肩甲骨を意識し、いつでも打てる構えをつくるためには、構えたときに「肩甲骨が内側に入っている」という感覚を感じ取ることが必要です。しかし、むりやり肩甲骨を内側に入れようとすると、胸が反りすぎて上体が後ろに傾いてしまいます。この状態では肩甲骨ではなく、肩そのものが内側に入っていると感じてしまうでしょう。

　肩甲骨が内側に入っている感覚をつかむため、私は「肩を広げる」イメージを持っています。構えたときにスッと肩を広げるのです。胸を広げるのとはイメージが異なります。胸を広げるときは鳩尾《みぞおち》で広げていきますが、肩を広げるときは鎖骨で広げていくイメージです。このようにすると、ほどよい力加減で肩甲骨が内側に入っていることを感じ取れます。

　試合などの動きの中で肩甲骨が内側に入った感覚を保つには、

鞘《さや》（木刀）を脇に差した状態での構え稽古を行なうことが効果的です。脇に鞘（木刀）を差すと、鞘（木刀）が肚《はら》を支えてくれるため、気がスーッと丹田におりてきます。気がおりると肩に入っていた無駄な力が抜けてきます。いわゆる上虚下実の状態です。

普段の稽古でこの状態をつくるよう心がけておけば、心身の静と動にかかわらず、理想的な肩の状態を保てます。

刀による構え稽古

肩甲骨を意識した構えをつくるためには「構えたときに肩甲骨が内側に入っている」という感覚をつかむことが大切。肩を広げるイメージを持ちながら、鞘（木刀）を脇に差した状態での構え稽古を行なうとよい

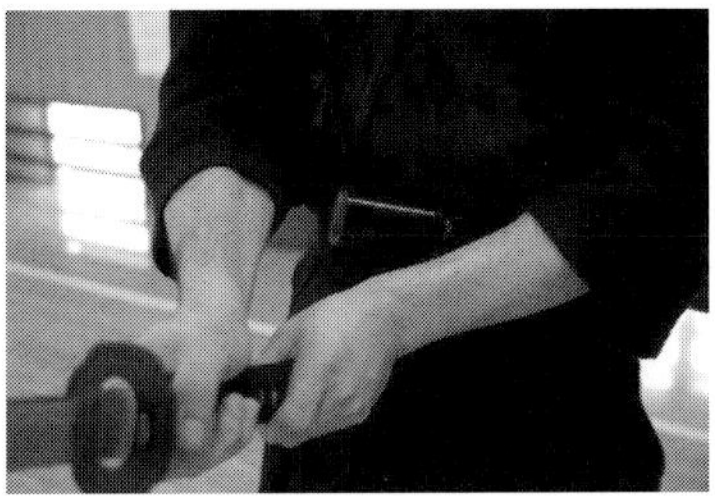

脇に鞘（木刀）を差すと、鞘（木刀）が肚を支えてくれるため、気が丹田におり、上虚下実の状態をつくれる

竹刀を背中につける素振り

振り上げるときには左手の小指、薬指、中指の３本が緩まないように注意して剣先がお尻につくぐらいまで振り上げる。振り下ろすときには、左手より先に竹刀が下りてくるイメージで肩を使って相手のあご下まで振り抜く

竹刀を背中につけない素振り

左手が竹刀より先に下りてくると、打ち切ったときに剣先が高くなる。これでは相手の面部をとらえられない

肩を使った打突をするためには、竹刀を背中につける素振りを実践することが効果的です。この素振りは、肩関節の可動範囲を広げるものです。竹刀を振り上げるときには、剣先がお尻につくぐらいまで振り上げます。このとき、左手の小指、薬指、中指の三本が緩まないように注意しなければなりません。ここが緩むと、肩ではなく肘で振り上げることになります。振り下ろすときには、左手より先に竹刀が下りてくるイメージで肩を使って相手の顎下《あご》まで振り抜きます。この素振りをくり返せば、身体と竹刀が一体となり、大きく鋭い打突をくり出せます。

振り下ろすときに竹刀よりも先に左手を振り下ろしてしまうと、打ち切ったときに肘が適度に伸びないため、剣先が高くなってしまいます。これでは相手の面部をとらえられません。

肩を意識する効果１　仕かけ技が充実

攻めに厚みが増し、上から乗る感覚をつかめる

肩を意識した構え、打突ができるようになると、仕かけ技が充実します。攻めに厚みが加わり、相手の上から乗っていけるようになるからです。肩を意識して構えると、首筋からお尻までが一直線になり、姿勢が安定します。姿勢が安定すれば、無理なく腰

の入った状態を保てます。腰の入った攻めは相手を上から見下ろすような攻めになるので、相手にこちらを大きく見せることができ、効果的に攻めることができるのです。

肩を意識して打突すると、竹刀を鋭く振り上げられるようになります。肩を使って竹刀を鋭く振り上げ、振り下ろすことで乗るように打突部位をとらえるのです。鋭く竹刀を振り上げるためには、手首や肘の曲げ伸ばしではなく肩甲骨を内側に入れるようにします。振り下ろすときには肩を上から落とすようなイメージを持てば、鋭く振り下ろすことができます。

肩を使っての振り上げ、振り下ろしを意識すると、必要以上に力が入らないので、竹刀が正中線上をまっすぐ上がり、下りてきます。そのため相手の中心を取った状態で打ち込むことができるのです。

反対に、肩を意識せずに打突すると刺し面になってしまいます。刺し面は相手の打突部位に向かって下から竹刀を伸ばし、当てにいくような打突です。このような打突では相手に軽く押さえられてしまうため、一本を奪うことはできません。とくに相手の出ばなをとらえようとするときに刺し面を用いてしまうと、相手に上から乗られてしまいます。下からの打突よりも上からの打突のほうが強いからです。手元が先に出たほうよりも、あとに伸びたほうが決まると考えてもいいと思います。それだけ肩を使った打突は大切なのです。

肩甲骨を意識し、仕かけ技を充実させる

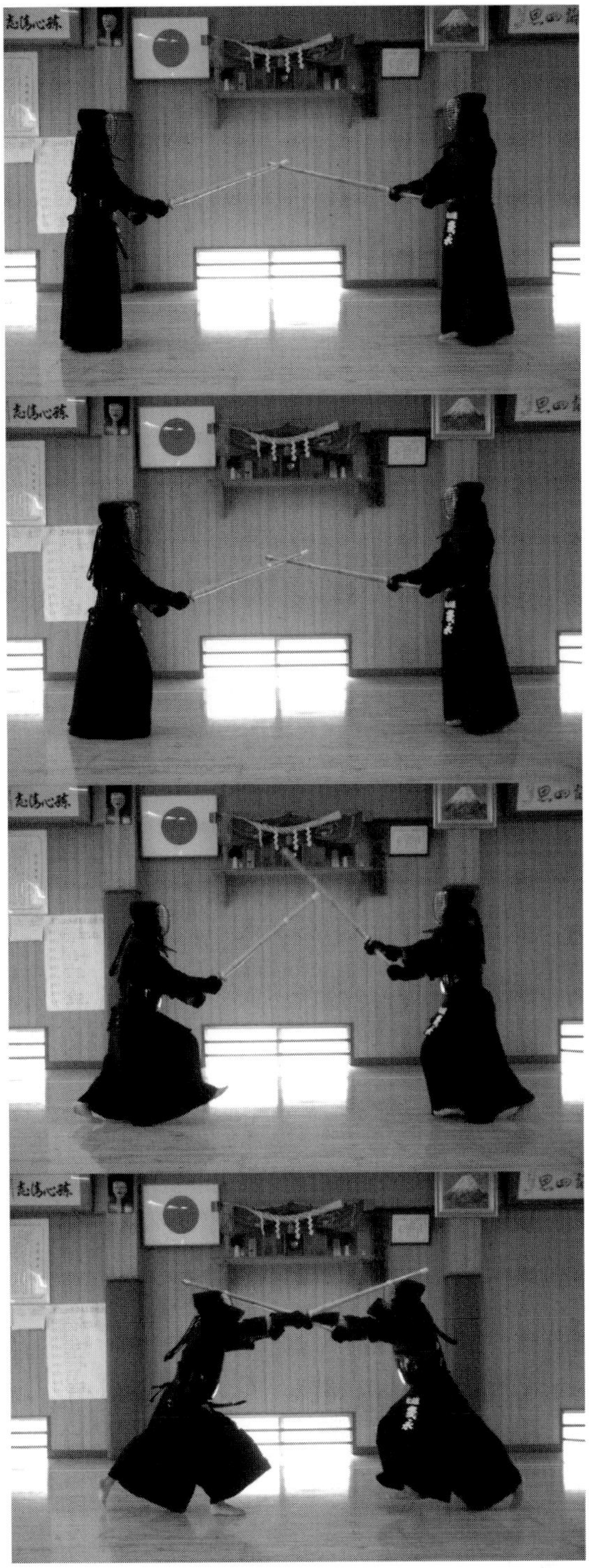

肩甲骨を意識した構え、打突ができるようになると仕かけ技が充実する。肩甲骨を内側に入れるようにして竹刀を振り上げ、肩を上から落とすようなイメージで竹刀を鋭く振り下ろすと上から乗れるようになり、出ばな技が決まる

肩を意識する効果2　応じ技が充実

竹刀と身体が一体化し、自在な竹刀操作が可能になる

肩を意識して構えられるようになると、応じ技が充実します。竹刀を身体の一部として扱えるようになるからです。竹刀を身体の一部として扱えるようになれば、相手の動きに対して柔軟に応じられるようになります。竹刀を身体の一部として扱うためには背中、肩、肘、手首を連動させることが必要です。手首から先に動かすのではなく、背中から動かすイメージを持つことで身体と竹刀を一体化させるのです。

身体と竹刀を一体化させることができれば、相手が動き出そうとした瞬間に竹刀を操作して応じることができます。瞬時に竹刀を操作することができれば、打ち込んでくる相手の動きに遅れをとることはありません。すばやく、鋭く、的確に応じ技をくり出すことができると考えています。

相手の小手をすり上げて面を打つときには、相手の動きに合わせて瞬時に竹刀を操作するようにします。肩で真上に竹刀を引き上げるようなイメージです。相手の竹刀をすり上げようとするあまり、肘で竹刀を前に出すような形（相手の竹刀を迎えにいくような形）で振り上げてしまうと、打突動作へスムーズに移ること

刺し面

肩を意識せずに打突すると相手の打突部位に向かって下から竹刀を伸ばし、当てにいくような打突（刺し面）になる

ができません。

すり上げてから竹刀を振り下ろすときは、肩で手首を落とすイメージで竹刀を振り下ろします。このようにすると、振り上げ、振り下ろしが一拍子で行なえます。また、物打ちに充分な力を伝えることができるので打突力が増し、的確に技を一本につなげることができると考えています。

肩甲骨を意識し、応じ技を充実させる

肩甲骨を意識して構えられるようになると応じ技が充実する。背中から肩、肘、手首を動かすイメージで身体と竹刀を一体化させながら肩で真上に竹刀を引き上げるように振り上げると、相手が動き出そうとした瞬間に応じられるようになり、すり上げ技が決まる

肩を意識する効果３　打突のきめが充実

打突姿勢を維持、打突に冴えが生まれる

肩を意識して打突できるようになると、きめが充実します。「きめ」とは、さまざまな技を有効打突とする最後の仕上げです。きめがあったか、なかったかによって、打突が一本になるか、ならないかが決まるといっても過言ではないと思います。

きめをつくる肩の使い方として、打突後に肩をほどよく前に伸ばすイメージを持つことがあげられます。このようにすると、打突部位をとらえたときに姿勢が崩れません。右手は肩の高さ、左手は胸の高さという基本姿勢を保つことができます。このようにすれば、打突時に身体が前に出ていく勢いを失うことがありません。鋭い出足を充分に活かすことができます。

反対に、肩を意識せずに打突すると、打突部位をとらえた瞬間に竹刀が打突部位から滑り落ちてしまいます。これをカバーするためには、バンザイするなどして無理やり残心をとるしかありません。これでは一本にはつながらないと思います。また、打突後の姿勢が崩れてしまうので、二の太刀、三の太刀に移行できません。無防備にもなってしまうため、相手に打たれてしまうでしょう。

肩を前に伸ばすイメージで打突すると、冴えが生まれます。冴えは手首のスナップのみでつくるものではありません。手首、肘、肩を連動させてつくるものです。打突時にほどよく肩を伸ばせば、腕が突っ張りすぎず、曲がりすぎないのでムチのように使えます。このようにすることで、打突に冴えが生まれ、ひとつひとつの技が一本につながっていくと思います。

肩甲骨を意識し、きめをつくる

肩を意識せずに打突すると、打突後にバンザイするような形になる。これでは打突に冴えがなく、一本にならない

肩甲骨を意識して打突できるようになると、きめが充実する。打突後に肩をほどよく前に伸ばすイメージを持つと、正しい打突姿勢を維持することができる。また、肩、肘、手首を連動させることができ、打突に冴えが生まれる

目線を意識する

相手を見下ろす目線があなたを勝利に導く

「一眼二足三胆四力」という教えがあるように、剣道においては目の位置づけがもっとも高く、目の作用が勝敗を左右するといっても過言ではありません。言い換えれば、目の状態が剣道を変えるのです。たとえば、目線がぶれれば、姿勢、構えも崩れ、目線がぶれなければ、正しい姿勢、構えをとることができ、会心の一本を打つことも可能になるのです。

私は相手と対峙する際、目線はどんな状態でも一定に保つように心がけています。また、相手の身長にかかわらず、上から相手を見下ろすような気分で構えています。そうすることで、正しい姿勢、構えが維持でき、相手の動きにも瞬時に対応できるようになります。

このように上から相手を見下ろす目線は、さまざまな効果をもたらします。その効果について、私なりに考えてみました。

目線を意識する効果1

蹲踞から目を外さない目で気の充実をつくる

最近、蹲踞をないがしろにしている方を目の当たりにします。蹲踞は獅子の位と呼ばれ、今まさに襲いかからんとする体勢です。蹲踞をおろそかにしていては、充分な気を持って試合に臨むことはできません。

蹲踞をする際も目線は大切です。私は目線を下に落とさないようにしています。相互の礼から、蹲踞をして、立ち上がるまで相手の目から目線を外しません。瞬きもしないくらいが理想です。こうすると、丹田に溜まった気がよりいっそう充実し、試合開始とともに気の錬り合いに入れます。逆に目線が下に落ちると、腰

蹲踞のときから目線は相手の目に向け、一定に保つ。気をより充実させて立合に臨める

が抜けた蹲踞になってしまいます。

目線を相手から外さないよう訓練するには、日本剣道形を稽古することが効果的です。相手の目に目線をおきながら、瞬きしないように剣道形を打ちます。とくに刀を納めに退がるとき、構え直すときはもっとも目線が他の箇所へ移りやすいところです。ここで瞬きしないよう、意識するとよいでしょう。

目線を意識する効果2

敵に遠く、我に近い間合
目線の工夫で必勝の間合が作れる

面は物見（面金の六本目と七本目の間）に目をおいてかぶるように作られています。ここから相手を見ることで正しい姿勢をとることができるのです。

○
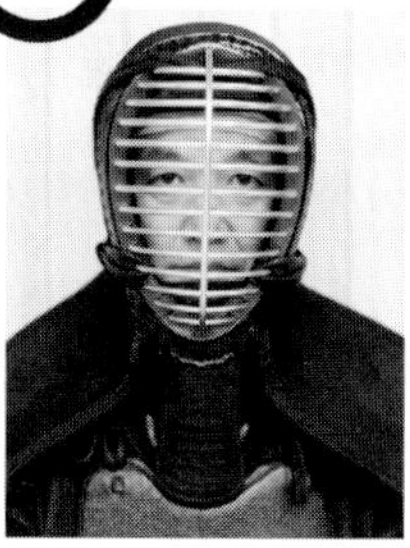
物見からしっかりと相手を見ることが大切

×
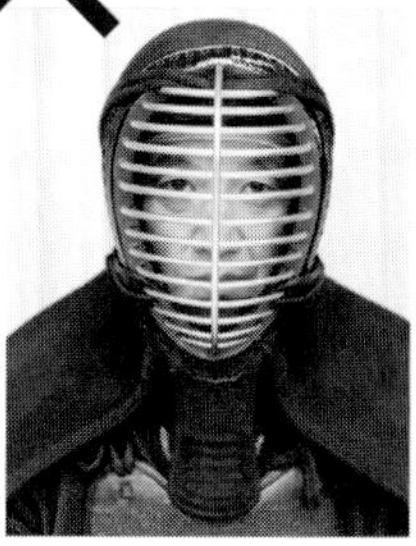
物見を外した目線は、こちらの打突部位が相手に丸見えとなる

○
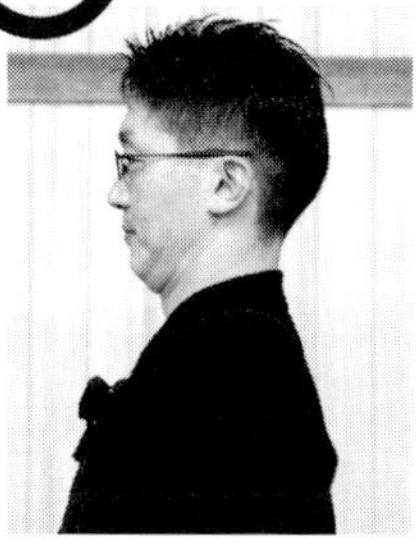
あごを引き、首を稽古着の襟につけることが、上から下への目線を生み出す

×
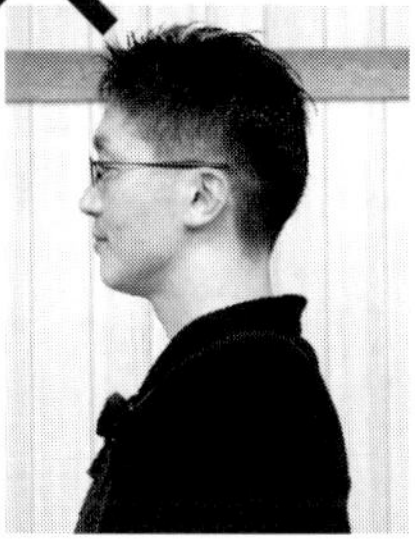
襟につけないと、あごが出て上目使いとなる

ところが、物見から見ることを意識している人が意外と少ないようです。物見から見ないと構えが前傾姿勢となり、腰が引け、頭が下がります。頭が低くなると「敵に遠く、我に近い」という間合の原則とは逆の「敵に近く、我に遠い」間合となってしまいます。頭が低くなっている分、相手が簡単にこちらの打突部位に届く距離となってしまうのです。

この予防策として、首を稽古着の襟につけ、正しい姿勢をとることを心がけることが必要です。襟に首をつけると、背筋が伸び、背筋が伸びれば、目線は一定になります。この姿勢を維持して相手と対峙できれば、「敵に遠く、我に近い」間合となるはずです。

目線を意識する効果3

目線を一定に保つと相手の打突部位が大きく見える

目線を一定に保てると、相手の背丈にかかわらず、相手が自分よりも小さく感じるようになります。相手を小さく感じると、相手の全体を見ることができます。全体を見ることができれば、相手の心身の動きを察知することが可能になります。相手の動きを察知できるようになれば、相手の隙や打突部位が見えてくるのです。

たとえば、正しい目線で相手を見ると、相手の面の頭頂部が広

相手の頭上から目線を下ろしたどっしりとした構え

相手の打突部位が広く平らに見える。この状態なら、相手の中心を割るような打突ができる

相手の面の頭頂部がとがって見える。この状態では一本につながる打突ができない

背中が丸まり、下から相手の動きをのぞき込むような構え

く平らに見えます。このような状態で見えるときは、姿勢も正しく、気分も相手の上から乗っています。このため「出ばなを打たれるかもしれない」などの打突に対する恐怖感がやわらぎ、思い切った技を出せるのです。相手の面布団に竹刀の物打ちを上から乗せるような技、相手の中心を割るような技につながります。

逆に下から相手の動きをのぞき込むような目線になると、相手の面の頭頂部がとがって見えます。このようなときは、こちらの足幅は広くなっており、姿勢、構えも崩れた状態です。そのため相手が自分よりも大きく見え、相手の打突部位が遠く感じ、一本となる打突をくり出すことはできません。それどころか、相手に打突する機会を与えてしまいます。相手からこちらの面の頭頂部が広く平らに見え、思い切りよく乗られてしまう危険性があります。

目線を意識する効果4

うかがう目線を矯正 相手を見下ろすと攻めが効くようになる

私が相手を攻めるときは、相手をうかがうような目線をとらないようにしています。うかがう目とは、相手の様子を下から見上げる目です。このような状態にならないように目線への意識を維持すれば、姿勢を崩すことなく、相手を攻めることができます。

攻めとは、相手の中に「打たれるかもしれない」という四戒（驚懼疑惑）が生じなければ、効いているとはいえません。目線を一定に保った状態で攻めることができれば、攻めが効き、相手はよりいっそう「打たれるかもしれない」という不安が高まり、姿勢が崩れるはずです。姿勢が崩れれば、主導権を握ることができます。

逆に目線を一定に保たずに、剣先や打突部位に目線を移して攻めてしまうと、相手にこ

上からの目線で攻めを効かせて、面に乗る

上からの目線で相手の目を見ながら攻める。こうすれば、主導権が握れる

相手の打突部位を見ながら攻めると、目線が下がり、姿勢が崩れ、右手に無駄な力が入る

ちらの意図が伝わってしまうばかりか、こちらの姿勢が崩れます。姿勢が崩れた攻めをいくらくり返しても、相手の心を動かす攻めとはなりません。

目線を意識する効果5

相手を引き出し、大きく乗って打つことができる

目線は打突にも影響を与えます。目線を一定に保った正しい姿勢は、背部の伸びを促し、背部を伸ばすことで、肩、胸、肘の力のバランスがうまくとれるのです。背部が伸びた正しい姿勢を維

○ スッと振りかぶるだけで、抜ける

× 右手に力が入り、打突部位が見えてしまっている

上からの目線で相手を引き出し、小手を抜いて面に乗る

持することで相手は「攻めが効いていないのではないか」と疑心暗鬼になります。そこで我慢しきれなくなり、相手が打って出てくれば、しめたものです。相手を引き出すことにつながり、相手が小手を放てば、スッとそれを抜き、大きく相手に乗るような打突ができます。

しかし、目線がぶれれば、正しい打突をすることはできません。姿勢、構えが崩れ、左拳の納まりが悪くなり、右手に無駄な力が入ります。これでは相手の小手を抜こうとしても、手元を上げた瞬間にこちらの打突部位が空き、打たれてしまいます。

目線と目線で心が通じ合う 剣道はそこからはじまる

「剣道は斬る、打つ、突く、押ゆるのときにあらずして却って酬《しゅう》酢《さく》の中にあり」。直心影流の道統を継いだ山田次朗吉先生の言葉です。酬酢とは酒盃のやりとりのことです。剣道でのやりとりは、剣先、目での語り合いを指します。剣先と剣先、目と目が通じ合ってこそ、剣道なのです。

現在、私は合同稽古などで元に立たせていただいています。その中で、私の目をまったく見ずに稽古をする方がいらっしゃいます。これでは、互いの気持ちがつながりません。剣道は相手の目を見つめて、気を合わせて、その中で精神統一しながら剣先を合わせてこそ、ひとつのものになると思います。そのため自分の目線の先は、常に相手の目に置かなくてはならないのです。相手の目を見ずに、ただ打てばいい、当てればいいといった稽古では、貴重な時間が無駄になってしまうと思います。また、この目と目での会話は稽古中のみにとどまりません。稽古後の挨拶でも先生から決して目を離さず話を聞くことが、稽古にかける想いを先生に伝える最良の手段なのではないでしょうか。

このように目線には剣道の技術を向上させ、人と人とのつながりを強固にする要素があります。まだまだ修行中の身ではありますが、このことを常に念頭に置き、日々の稽古に励みたいと思います。

左足で勝つ

上達したいのなら左足を工夫せよ

対談・島野大洋範士

大勝負で感じた左足 引きつけ足が勝敗を左右した

岩立　今日は左足をテーマに島野先生と対談できるということで、とても楽しみにしていました。先生との関わりのなかで感じた左足のエピソードがたくさんあるのです。

島野　大舞台で剣を交える機会が多かったですね。最初は八段審査の二次審査。それから全日本東西対抗大会で二回、たしか福岡と静岡でした。京都大会では四回もお願いしています。

岩立　そうでした。八段審査では、私は夢中になっていたので記憶がほとんど残っていません。そのときは、幸運にも二人とも合格させていただきましたね。昭和六十三年でした。当時、八段審査は京都の武徳殿にて年一度のみの開催でした。

島野大洋範士
しまの・まさひろ／昭和14年大阪府大阪市生まれ。府立佐野工業高卒業後、大阪府警察に奉職。選手生活を退いてからは、城東署剣道教師、大阪府警察本部剣道主席師範、術科指導室長などを歴任。現在、(公社)大阪府剣道連盟顧問、大阪市立修道館講師、パナソニックES剣道部師範。

島野　あのときの審査内容は今でも覚えています。私は分が悪かったのですよ。先生、覚えておられますか。

岩立　実は、夢中だったので覚えていないのです。島野先生からぜひそのときの内容をお聞きしたいと思っていました。

島野　以前から国体などで試合を拝見していたので、岩立先生のお名前は知っていました。当日は緊張していましたね。岩立先生は初めて対戦するお相手である、ということも影響していました。最初、私は得意の小手から面の二段技を打ったのですが、見事に胴に返されまして。これが尾を引いたんです。そのあと、「これはいけない」と、あせりました。先の剣道で攻めるように心がけ、私もなんとか面を打ってお互いいいかたちで終わった印象があります。

　あとでわかったことですが、岩立先生は面技を主体とした、真っ直ぐな剣道なんですね。ですから、面に対して出ばな小手、返し胴などの手段があるはずですが、岩立先生には左足からの攻めがあるから、「面を打ってくる」と感じても、タイミングが狂うのです。なんとか応じようとしても打ち切れないのです。

岩立　実は、七段審査に落ちたときに馬淵好吉先生（千葉県警剣道師範）から「左足が残っている、左足を寄せれば受かるんだ」と、ご指摘をいただいたことがありまして……。それ以来、左足を意識していました。その成果が出たのかなあ。

　しかし、そのあとの福岡での全日本東西対抗大会では大変でした。島野先生の攻めが強くて、まったくこちらは打てず、打ちを出すと全部小手を打たれました。

島野　たしか、平成四年でしたね。六将戦でしたか。引き分けだったと記憶しているのですが……。

岩立　八分戦って引き分けだったのですが、あれだけ打たれたのに旗が上がらなかったのが不思議なくらいでした。一方、私は攻めこむことができず、いいところがありませんでした。原因を考えると、左足なんです。私は小手から攻めて、相手がぐっと押し返してきたところで竹刀をまわして面を打つクセがありました。右足が出ると同時に竹刀を上げ、左足が残っている状態なんです。面にいこうとする場面で、小手を何度も打たれました。左足を残したままの踏み込みだったので、面に届かないし、前のめりで手元が上がっているという状態です。左足が残った状態では、絶対にいい一本は打てませんね。そう思うと、島野先生はいつも体勢が崩れないです。

島野　自分では、崩れていると感じるときはあるんです。たとえば、打突時です。私は、左足がほんの少し外側を向いて踏んでいます。これは、若いころにアキレス腱を切った影響です。真っ直ぐに踏むと腱が痛むのです。ただ、そのまま打突すると右に体が流れてしまうので、崩れた体勢を戻そうと、左足、左腰をぐっと入れて引きつけを素早くするように心がけています。

岩立　島野先生と剣先を交えると、すぐに攻めが伝わってきます。まったく崩れない。普通、ときにはバランスが崩れることもあるでしょう。それが、島野先生にはほとんど感じない。いつも同じで、引き締まった構えをしておられます。

島野　調子がいいときには、意識しなくてもスムーズに体が動きます。ただ、意識が左足にいってしまうとだめですね。悪いところを意識しすぎてバランスがくずれて、他のところも悪くなります。

岩立　私も、左足の腱を一回切ったことがあります。内側ではなく、外側に負荷がかかりますね。気を緩めれば左足の親指が外側を向くようになります。とある稽古会で、ある先生から「緩んでいる」と、ご指摘いただきました。

先生は私が稽古している後ろから見学されていました。稽古が終わってから、呼ばれたのでなんだろうと思っていたら「お前の足は撞木《しゅもく》だ」と叱ってくださった。後ろから見られていたので、ごまかしはききません。このお言葉は胸に響きました。

島野　そのように言ってくださる先生がこの年になってもいるのはありがたいですね。年代が上がるにしたがい、教えをいただく機会が少なくなります。ですから、「言われないからこれでいい」などと思っていると、とんでもないことになる可能性もあるわけです。自分の剣道を客観的にみるように心がけなければ、左足は知らず知らずのうちに緩んでいきます。

岩立　島野先生と対戦した経験を通じて、左足が残れば勝利につながらない、いわゆる「負け」の状態をつくっていることを痛感しました。普段の稽古から意識し左足をうまく遣えるようにして、試合に臨みたいものです。

左の膕(ひかがみ)で足幅が変わる　膕、腰、背中のラインを意識せよ

島野　私は、三十五歳でアキレス腱を切ってから左足に無理がきかなくなりました。以前はもっと、無理な体勢から思い切って左足で蹴って打突する場面もありました。しかし、切ってから負荷をかけることに抵抗が生まれました。

そこで「足幅を狭くしなければならない」と考え、左足をすごく意識しました。それまではとくに意識をしていたこともないし、足幅は広かったと思います。ですから、足幅を縮めることによって左足に無理な仕事をさせず、無駄のない一本を打ちたいと思うようになりました。

岩立　若い選手のほうが足幅は広いですね。

島野　無理な体勢でもパワーとスピードで打ててしまいますからね。

岩立　年齢を重ねてくると、だんだんと足幅は狭くならざるを得ません。狭くなったほうが、体は前に出やすくなります。

島野　膕《ひかがみ》が決まりやすいですね。

岩立　膕がすっと伸びていれば、自然と体が真っ直ぐになります。左足の踵、膕、左腰はつながっているからです。島野先生がおっしゃるとおり、膕に適度な力が入って、それが腰、背中に伝わります。

左足で構えをつくる
左の膕を張って、左膝、左腰、背中のラインをつくる。目線が一定となり、構えが定まる

私は常々、松風館で指導する際に襟首に襟をつけなさいと言っています。目線が下に向かず、真っ直ぐ相手を見据えるので頭頂部が真上になるので、いい立ち姿になるのです。いい構えの原点は左足の踵です。

島野　外見で、すでに膕が曲がっていると判断できる人は姿勢、剣道そのものも少々問題があるのでしょう。

岩立　剣道が上達したいなら、その姿は美しくいてほしいと考えています。そのために、膕は伸ばしてほしい。もちろん、伸び切っている状態ではいったん曲げないと打てないので、適度に張る必要があります。ボクシングで肘を上手に遣いながらジャブを素早く打つように、左膝も楽にすっと伸びたら最高じゃないかと思います。その力の入れ方は難しいのですが……。

島野　難しいですね。「締める」「緩める」の動作は意識してもなかなかできません。道場に立ってみるとわかりますが、足の踏み方にはコツがあります。両足の踵を着けた状態で立つと、体重が後ろにかかるんですね。その状態から、右膝と腹をぐっと前に出すようにすると、左足の踵が自然に、少し浮きます。膕の張り具合がわかると思います。

岩立　意識して膕をピンと張りすぎてしまうケースもあります。「ほどほど」にするのが大事なのでしょうね。

島野　左足のバネの力が打突に影響するのですから、左踵を上げすぎず、下げすぎずのさじ加減を覚えてほしいところです。いつでも打てる体勢をつくらないと、そのまま打つことができません。

また、足さばきをする際にも膕を安定させ、床と体が平行に移動しなければなりません。頭が上下するような運動では、重心がぶれます。右足は浮かせるように、床と紙一重で動かすような気持ちでやるといいといわれています。

岩立　審査で、膕が曲がったら通らないでしょうね。

島野　技を出しても、姿勢が曲がっている分、勢いが削がれます。普段の稽古で取り組んでいることがそのまま出るのが審査です。意識して取り組まないと、直りません。

岩立　前に、ある七段の先生が左足の踵をうんと高くして稽古していました。左の踵を高く上げればおのずと膕は曲がります。「踵をおろせ」と、ずっと言っていたのですが、おろしたとたん伸び伸びとした面を打つようになりました。これほど変わるのかとびっくりした覚えがあります。その先生はのちに八段審査に合格されましたよ。

島野　八段に合格する人は、足の踏み方がいいですね。

岩立　八段の二次審査を拝見していると、とくに感じます。

島野　もうひとつ「肛門を締めろ」と、よく言いますね。ある先生に言われてから取り組むようになり、足幅がおのずと決まるようになりました。締めると背筋が伸びるし、足幅が必要以上に広がらないことがわかりました。最初は意識してやりましたが、現在もしばしばチェックをしています。ただ、疲れてくると左の踵が床に着くときがあります。攻め込まれたときに思わず着いているのです。居ついた状態です。

岩立　おっしゃるとおりです。相手に疲れる、攻め込まれるときなどに思わず左足の踵が着くことがあります。それは、心が弱くなっている証拠です。

島野　左足が着いていても右足が浮いていれば、対応はできるものです。両足がべたっと着いてしまうと、攻められた場合に手元も浮きます。なすすべがありません。

岩立　しかし、故岡憲次郎先生（国際武道大学学長）からは「（左）踵を着けるのだ」と教わったことがあります。というのは、岡先生は学生時代、短距離走の選手でオリンピック候補でした。スタートする際の要領で、ぐっと足を踏ん張って出るとおっしゃっていました。岡先生が松風館にいらした際、ものすごい面を打たれました。そのときも、完全に左足が床に着いていました。でも、私が同じことをしてもダメですね（笑）。踵が床に着くと、背中、腰、膕の力が抜けてしまいます。あれは、陸上競技もされた岡先生ならではの教えだと思っています。

島野　年齢が上になるほど、左踵の高さは気をつけたいところです。相手に攻められたときに踵が着くと、体当たりされた場合に必ず倒れます。後ろに体重がかかった状態で、体勢が不安定だからです。

岩立　錬度が上の人は、左踵を上げた状態で、臨機応変に足さばきができています。それができない人は、どうしても踵を着けながら見切るんですね。どのような状態でも打てるようにするために、左足が決まらないといけません。

島野　膕は、膝関節との関連もあります。膕を曲げれば膝にかかる負担も増えます。ここを伸ばして、腰がぐっと入ります。それと、顎《あご》ですね。膝、腰、顎の三つは、密接にかかわっています。ひとつ崩れると全部が崩れます。

岩立　顎は重要ですね。顎は目線と関連しています。目が上向きになれば顎が前に出るので、打突時に体が沈みます。顎を引いて、真っ直ぐ相手を見るようにすれば膕も伸び、自然なかたちになります。最近、剣道具の面の形が合わない人がよくいます。物見の位置が正しくならないのです。目線がずれるので気をつけてほしいです。

島野　私も最近よく見かけます。

岩立　面金の五本目と六本目の間で見る人が多いんですね。そうではなく物見の六本目と七本目の間で見るようにし、目線がずれないように心がけたいものです。私自身も、自分の顔にぴたっと合わない場合は剣道具店へ行って調節するようにしています。目線が下を向くと、背中が丸くなります。そうなれば、腰も、足も崩れます。もっとも、前かがみだと技が出しやすいのですが。

島野　打ちやすくはなりますが、決していい技にはなりません。稽古、試合で先を取って先に仕かけている人は、左足が生きて、いい姿勢で一本を打っていると思います。そのような一本をめざしたいものですね。

打てる構えには勢いがある　膝の内側から攻めを利かせる

岩立　言わずもがなですが、攻めて崩して打つためには、左足が重要になると思います。引きつけがいいと、攻めがいいとはよく言われます。左足は「力足」、右足は「攻め足」です。

島野　有利な間合を展開するためには、足遣いが重要なポイントになります。左足がいつでもスムーズに出られる準備をしなければいけません。私自身、いつも気をつけていることがあります。私は歩行の際、小指側に力が入っているようで靴の外側が磨り減っています。本来は、湧泉《ゆうせん》を中心に親指にも体重がかかる状態が好ましいのですが、稽古でも小指側が痛くなるときがあります。稽古時間が捻出できない時期にバランス感覚が崩れるので注意しています。

岩立　先生、そういう場合、両膝の内側の筋肉の意識についてはいかがですか。

島野　内側、ですか。親指側から付け根に至るまでの筋肉ですね。

岩立　膝の内側の力については、先ほど島野先生がおっしゃったとおり肛門を締めると膝の内側の筋肉に力が入るので、自然と親指側に重心がかかりやすくなります。膝が真っ直ぐ相手に向くと思います。この締まった状態で打突できれば、真っ直ぐないい打突が出せますよね。

島野　そうです、そうです。小指側に体重がかかっているときには、内側が緩んでいますね。

岩立　昔の着物姿の女性は、内股歩きにして内側の筋肉を締めていたといいます。そうして、後ろ姿を綺麗に見せていたそうですね。

島野　なるほど、そうですか。膝の内側は、案外気がつかないところですよね。締まっているときのほうが、勢いが出ていい打ちになります。

岩立　相手の状態によりますが、気持ちも、竹刀も体も真っ直ぐに向かうので、中心が取りやすい。いい機会で、ストン、と出るときがあります。これが一番の理想的な面じゃないかなあ。

島野　普段から膝などの要点を頭に入れて稽古を積み、意識が離れてもできるようになりたいものですね。もっとも、そこまでいくのが大変なことですが……。

岩立先生の面技は有名です。得意な技だからみんな警戒するけれども、それでもなお一本を決めるのはすごいことだと思います。このような修錬を積んだからこそ一本を打てるのだと思います。

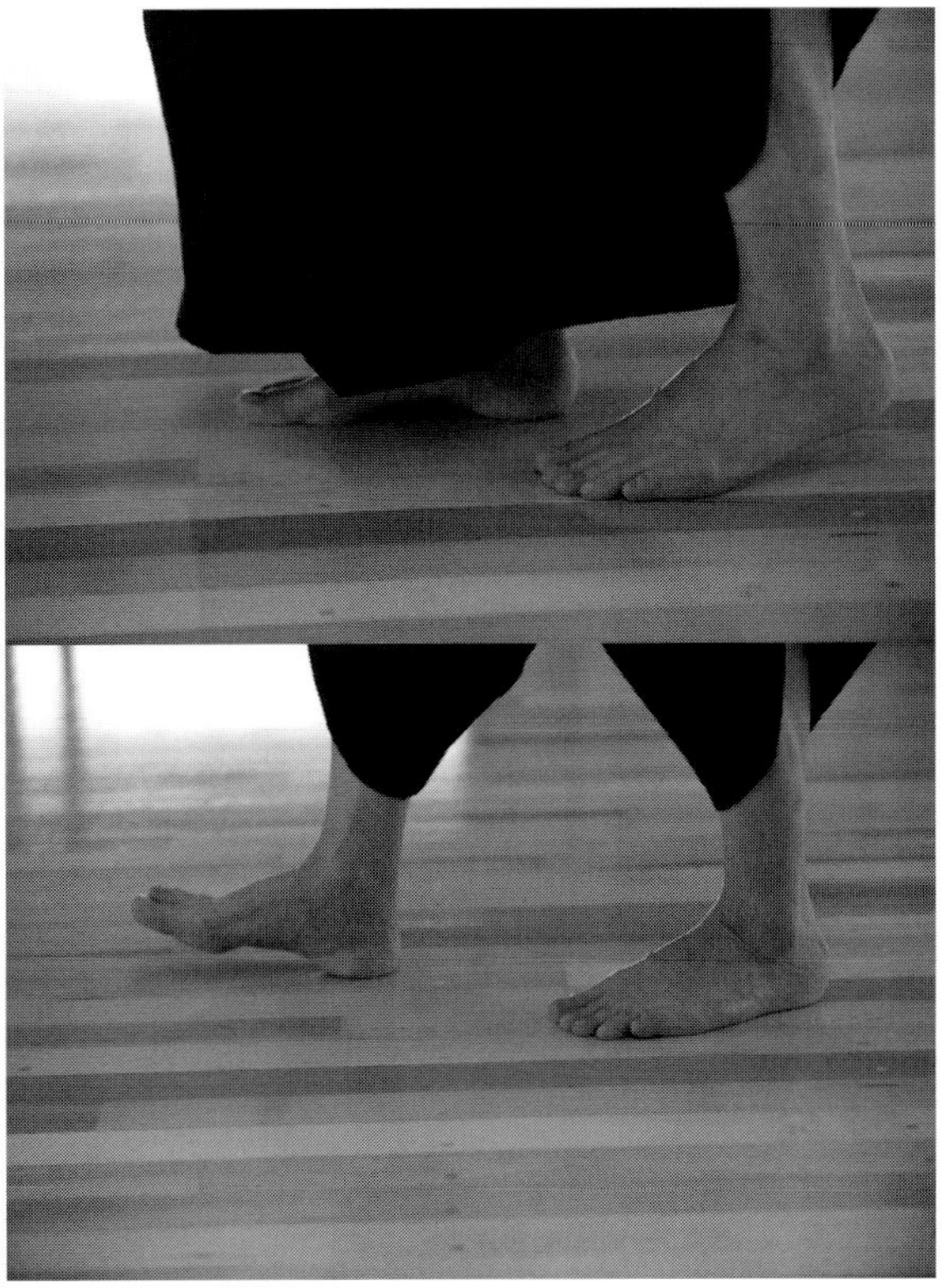

左足で攻めを利かせる
左の踵を上げすぎず、下げすぎない状態にし、いつでも打てる体勢を整えること（写真上）。左足が遊んでいると、攻め込まれた際に左踵が床に着きやすいので注意する（写真下）

私は左足の古傷があるので小手から攻める傾向があります。そういう意識があるから、岩立先生のように、ストン、と面を打ちたいのですが、なかなか難しい。

岩立　いやいや。島野先生の気攻めに、たびたび手元が浮きましたよ（笑）。あのぐっと入る攻めは私にはできません。人それぞれもった特徴のなかに良さはあるのですね。

しかし、そういった個人の特徴は骨格、体格が大きく影響していると思います。親子でも、剣道がよく似ているケースはありますよね。太っている人に、撞木足はダメと言っても直りにくいものです。撞木足を完全に直せないなかで、どのようにすればいい剣道につながるかということを一緒に考えてあげないといけない。剣道は必ずしも画一化する必要はありません。

島野　私は十五歳から剣道をはじめましたが、送り足が難しかったですね。打ち込む際に、手と足がバラバラでした。足のほうが速かったのかなあ。昭和二十九年当時は、同年代で剣道をやる人もいませんでしたし、四苦八苦でした。手と足を一致させるのに半年くらいはかかりました。しかし、みっちり稽古ができたので足の基本が学べたのではないかと思います。手足がバラバラのまま面を着けて稽古すれば、それこそ大変でしょうから。

岩立　手と足がバラバラのまま打ち込む人は、社会人になってから剣道をはじめた人に多いですね。

島野　しっかり基本を学んでから面をかぶるといいのですが、いまどきは稽古時間の捻出も大変でしょうから難しいですね。いったん身につけたらぐんと上達が早くなるので、基本をまず学んでほしいと思っています。実戦の場面においては、送り足や踏み込み足の大きな動作が隙になります。足遣いができれば、実戦にも応用がききますので。

岩立　面を打ってくるときに左足を継いでから打つ人がいます。その場合、左足の動きをみていれば、その人がどのように打ってくるかがわかります。ですから「面を打ってくる」と感じたら合わせやすいのです。左足の動きがあって打ってくる場合、相手にこちらの隙を見破られる大きな要素です。

打つ瞬間、左足を動かしたりしないで、左足が決まっている状態でパッと技が出たら、いい技につながるのではないでしょうか。強い人は、そこのところをうまく遣っています。

島野　継ぎ足をしないためには、普段から意識しないといけません。地稽古になれば意識しようとしても、なかなか難しいと思います。

岩立　私は現在、高校生、大学生を指導しているのですが、打ち込み稽古のときの左足は駆け足を使う人が多いですね。駆け足打ち込みです。これは驚いたのですが、切り返しのときに左足を一切使わず、右足だけでピョンピョンと移動する学生がいたのはびっくりしましたね。

島野　試合を目標に置いている人は、とくに自分のクセを直したがらないですね。たとえ基本から外れても、無理に矯正すると、動きづらくて勝てなくなるのがつらいところです。

岩立　今、私が指導している尚美学園大の生徒のなかに小牛田農林高校の出身者がいます。乳井義博先生が提唱された水平切り返し、あれは肩も手首もめいっぱい使って振るので、ハードですが、とても有効な稽古法ですね。大きな技を遣うようになりますので、自然、足も遣うようになりますので、全部良くなります。

島野　普通、右足は動かしやすいですが左足はなかなか動かせないから。いい稽古ですね。

岩立　打ち間を確認せずに走りこむような稽古では意味がありません。打ち込み稽古なら、自分の打ち間を確認しながら、元立ちがあけた部位をすかさず打ち込む工夫がほしいです。

島野　私も実業団のパナソニックなどで指導をしていますが、基本をたくさんやるように言っています。まずは一本打ち、とくに面打ちです。これができないと他の技ができません。

岩立　松風館でも、一本打ちの面がメインです。それと、出頭技です。その際、右足左足について「できるだけ真っ直ぐに」と指導します。右足は方向指示器です。打突の際は、体が右足の親指と同じ方向に動きます。もし、右に向いていれば右に体が流れてしまいます。ですから、左右のつま先が真っ直ぐ相手に向かった上で踵が少し浮いていれば、自由な動きが可能でしょう。「右足を相手の両足の間に突っ込むくらいの勢いでやれ」と言っています。これで左足からの攻めが利いた、打突に近づくと思います。

島野　蹴り足である左は、バネを人事にしなければいけません。打突時に、膕にためがないとバネのように、びょん、と跳べません。若い人はつま先を立てて膕を曲げている人が多いですね。今がよくても、あとから苦労をしそうです。

左足で会心の一本を打つためのある打突が感動を生む

島野　私は、相手に読まれないために足をよく動かします。絶えず右、左を連動させていますね。常に打てる状態をつくりたいからです。動かさないと、居つくんですよ。動かさない人やじりじりいく人もいますが、私の場合は動いていないと体勢が崩れるような感じがするのです。

岩立　島野先生はよく動きますよね。

島野　動かさないと、打てないのです。動かしながら間合をつかんでいます。間合取りを工夫しないといけませんね。そのためには、右半身が前に出ているので右へ右へと移動するのが自然ですが、左へも移動します。なぜなら、右に力が入りやすくなるからです。右に力が入ると、起こりが大きくなりますし、打突動作が遅くなる、打突の冴えが出ないなどのマイナス要素ばかりで、いいことはありませんね（笑）。

岩立　見事な一本を決めるためには、左がしっかりしていないといけませんね。しかし、なかには右がぐっと前に出た構えで当てるのが上手な人がいますね。右足でスッと間合を盗んで、ポンポン打てる。左足がほとんど遊んでいるので、審査のときにマルをつけるかどうか、迷うときがあります。

島野　迷いますね。一本を取る技術としていい機会に出ているのでしょう。しかし、全体的な剣道の問題として姿勢や足さばきができないとなると、判断が難しいですね。

岩立　審査員としてはおおいに迷います。しかし、受審者としては審査員を迷わせないことが大切なのですから、これはマイナス点でしょうね。左足の遣い方に問題があっても、全体的にみれば納得させるものがあるという印象があってほしいですね。

島野　とくに七段クラスにもなると、打突そのものに冴えが問われます。右を中心とした打突になると、冴えは出ません。打突力も弱まります。もっとも、出ばな小手や面返し胴を打ちやすい体勢ではあります。

ただ、仕かけ技は弱いですね。もし自分で「打った」と思っても、右が強くなっていれば「当てた」になってしまう。打突が右に流れているからです。真ん中で打てないといけません。

岩立　右半身主導で攻めようとすると、どんどん右が強くなってしまいます。その結果、右足が前に出ても左足が残るのでどんどん足幅が広くなります。でも、上手な人はそこから、ポン、とうまく当てることができます。しかし、真ん中を打つことができません。打てる機会でパッと打つから試合では一本になるでしょう。しかし、審査では難しい。

島野　左をぐっと引きつける工夫がほしいですね。

岩立　指導する際には「中心を取って、真ん中で打ち込め。上から押さえて」と口をすっぱくして言っています。この癖を矯正するには、自分でよほど注意しないといけないでしょう。攻める際に、右からではなく上から攻めて、真ん中へ打ち込むのです。そうすれば左足も決まります。左足が決まってくると、打突の機会で自然と体が出るようになるのではないでしょうか。

島野　知らず知らずのうちに偏っていることはあるものです。自分の姿を振り返ることは大事ですね。元立ちをしていると体力的にもしんどいです。背中を丸めると、稽古が楽になります。しかし、それでは打突が崩れるわけです。

岩立　私も姿勢は気になります。最近は高段者の稽古会で、一時間半から二時間ほど元に立ちます。かなりハードですが、緊張感をもって腰を一所懸命伸ばしながらやると、長時間の稽古ももつから不思議です。

　ところが、そこにふっと気を抜いて腰をまるめて、相手の竹刀を払ったり返したりですごしていると、気づかないうちに左足の踵がついているんです。そうすると、集中力が切れて時計を見るようになってしまいます。

「これはいかん」と、一所懸命上から攻めていくようにすると、時計を見るのを忘れるんですよ。反対に、一時間ちょっとすぎて時計見だしたときは、体が完全に崩れていますね（笑）。しかし、そのような心構えでは相手にいい印象も与えないし「一所懸命指導している」という意識がなくなり、お互いおもしろくなくなります。

島野　先の気で攻め、機会を見出した中から技を出していかないとだめですね。

岩立　私の場合、まず小手から攻めて相手が表から押し返してくるところで、その力を利用しながら竹刀をまわして面を打つのが得意技でした。左足が、ぐっとついてきている状態でそれが決まります。左足が残ったときは、竹刀をまわすところでそれがばいいのですが、左足が残ったときは、竹刀をまわすところで小手を打たれます。島野先生には、その機会でずいぶんと打たれました（笑）。調子が悪いと、左足が残りますね。左足を残さない剣道を意識すれば姿勢もいいし、いい剣道につながりますね。

島野　簡単なようで難しいものです。私も「これでもか」というほど先生方から言われました。「左足をさっと引きつけろ！」と。これればかりでした。右に傾いた打突になったときには「乗れ！」と言われましたね。

　相手が竹刀を押さえてきたのに対して力を利用しながら乗って打つのはとても高度な技です。ちょっとでも抑えすぎれば、起こりを打たれます。やわらかく遣いながら、さっと中心を取って打つのです。

岩立　左足が決まっていれば、だいたい決まります。左足を引きつけ、いつでもその場から出せる姿勢をつくらないといけません。

島野　ここで必要になるのが、ためです。ためがないと鋭い踏み込みができません。せっかく攻め崩そうとしても、ためる前にあせって打突すれば崩れます。ここが大きなポイントです。ためを意識する際は、ふくらはぎに力を入れてはいけません。ぐっとためていても、いつでも出られるようにするためです。これが一番難しいところなんです。

岩立　ためと居つきは紙一重とはよく言われますね。審査でも、ためてためて、ため切って打った技は素晴らしい。どのような場面かというと、お互いの気が高まったとき、気づかないまま勢いで打つケースが多いような気がします。

ためが利いている状態の人は、すり上げ面や面抜き胴、出ばな小手など、そのような応じ技を決めています。審査を拝見していても、こちらが「ここだ！」と思った場面でスパン、と技が決まります。「いくかな、いくかな、いったー！」というときがあるのです。ですから、左の膕でためを利かせるのです。

ためを利かせて打突する
合気を心がけ、あせらず、膕でためて適正な機会で一本を打つ

島野　しかし、ためは高度なスキルを要求されます。段階を踏まないと身につきません。未熟なうちにためを意識すると「狙う」ようになります。たとえば、高校生と竹刀を交えると、なかなか打ってこないので様子をうかがうと出頭を狙っているようなのです。

すこし竹刀で誘うと打ってきます。それは、ためているのではなく機会だけ狙っているわけです。若いうちは、先を掛けてどんどん打ち込んでいくほうがいいでしょう。

岩立　「ためている」と「狙っている」はぜんぜん違います。待ちはだめです。

島野　そうですね。勝負にすぐ結びつけてはいけません。

岩立　ためは、相手とかかわっていくなかで、自分と相手の意識がつながっていくのです。「ここだ！」と直感したところが機会になります。膕に力を入れすぎず、ぐっとこらえる。

島野　しかし、こらえきれなくて打ってしまうのが難しいところです。

岩立　そこで出ると、負けなんですね。左膝を曲げたりして使っていればためはできません。機会をみているのでしょう。動いているからためられないわけではなく、動かないからためられるわけでもありません。その人その人の動きのなかに、気のためがあります。

たとえば私と島野先生が立ち合って、島野先生がツツッ、と先をかけて攻めてきても、私は「乗る」ことを意識して攻め返すでしょう。稽古、立合はそのやりとりのなかにおもしろさがあります。二人がどのようにかかわりあって打ち切るかが妙味なのです。「引き出された」と感じたら、もうそれは相手側のほうが勝っているのでしょう。二人の剣風はそれぞれ違いますが、そのなかでお互いがんばろうという意識になれば、とてもおもしろいものになります。

島野　そのとおりだと思います。気で攻めている人は、剣先にその強さが映ります。わかってくると打てません。そこを、乗り越えて一本を打つためには、左足が大事なのです。

岩立　左足なくして「ため」はできず、一本も生まれません。今日はいいお話をありがとうございました。

島野　こちらこそ、ありがとうございました。

道場で学ぶ

剣道力は道場でつける。師に学び、友に学び、心と身体を鍛える。

すべての剣道人はうまくなりたいと考えている

私は成田高校を卒業後、千葉県警察に入りました。剣道特練として八年間、過ごしたのですが、私だけは機動隊ではなく、松戸署に所属していましたので、そこの寮から通っていました。特練員をおりたあとも松戸署に所属し、十九年半、ここでお世話になりました。そのとき、懇意になった地元農家の方が、空いていた土地を道場の建設の用地として提供してくださり、私は銀行からお金を借り入れ、平屋の道場を建てました。昭和五十三年のことです。

当初は少年剣道をメインに行なっていたのですが、道場を建ててから九年後、この土地にマンションを建てることになりました。一階部分を道場として建設してくださり、いまの道場が完成しました。この道場に対し、毎月、家賃をお支払いすることとなりましたので、一般剣士たちからも月々の会費をいただくことになりました。そこで、一般剣士の方々に満足いただけるような稽古にも取り組む必要が生じ、基本の稽古日をつくるなどして、大人の方を対象に、稽古をするようになりました。

いまでは少子化の影響で子どもの入門者は激減していますが、おかげさまで大人の会員は増えています。剣道を通して青少年の育成をはかろうという思いで建てた松風館ですが、いつのまにか生涯学習としての剣道の場となりました。

そもそも道場という言葉は、梵語の訳語で、菩提樹下の金剛座をさす言葉であり、のちに仏道修行の場所などを道場というようになったそうです。武芸の稽古場をさして道場というようになったのがいつからなのかはわからないそうですが、芸事をここで取り組むわけですから、単に気持ちよく汗を流せればよいというものではないと考えています。

とくに大人の場合、貴重な時間を剣道に割いています。仕事の合間、さらに家族との貴重な時間を削って剣道をするのですから、心身が充実するような稽古を求めてもらいたいものです。

剣道は自分自身を学ぶことでもあります。師匠から自分の問題点を指摘してもらい、課題を与えてもらうことです。それが道場稽古の魅力だと考えています。与えられた課題を素直に聞く、課題克服に努力することは当然のことですが、教わる側は自分から問題点を尋ねられるくらい工夫・研究することが必要です。

亡くなられるまでご指導をいただいた岡憲次郎先生は「質問をされたらなんでも教えるが、質問をされる前になにかとアドバイスをするのはおかしい」と強調されていました。

剣道では古くから「三年はやく剣道をはじめるよりも、三年かけて正師を探し求めよ」といわれていますが、現実問題としてはなかなかむずかしいものがあります。

松風館では、地元で別の団体に所属し、松風館の会員となって稽古に通われている方もいます。その方々が会員になっている理由はたくさんあると思いますが、つまるところ、自分の剣道を高めたいということになると思います。会員は一二〇人になりました。道場にはそのような求心力があるのではないでしょうか。会員の方々の要求を満たすべく、私も勉強しているところです。

身体をつくらないと心は入らない

大半の方が、自分の剣道を高めたいという理由で稽古をされていると思いますが、剣道を習う場合、まず教えられたことに対して素直に聞く耳を持つことが大切です。ここが修錬のはじまりだと思います。学ぶ者が聞く耳をもたなければどんなによい教えであってもその教えは無意味になってしまいます。

私は剣道の力をつくるもとは、身体をつくることだと思います。「健全な肉体に、健全な精神が宿る」ではないですが、剣道でもまったく同じです。

一回の稽古を充実させるには、まず健康に注意し、しっかりと身体をつくることです。身体をつくれば技術の習熟度も上がります。技術の向上が実感できるようになれば稽古意欲もさらに上がり、もっと探究心が深まると思います。探究心が深まればいろいろなことに疑問がわき、さらに稽古意欲がわきます。身体をつくると心も潤ってくるのです。

私自身、身体は走ることでつくってきました。竹刀を持たなくても、足腰を鍛えることで剣道の力を養うことができます。かつて高野佐三郎先生は「四キロ走れ、あとは棒を振っていろ。これさえしていれば剣道の力は落ちない」といわれたそうです。終戦から剣道復活まで、剣道ができない時期があったときの言葉です。

また、朝からジョギングをしている人を見ていると行動力が違います。行動範囲が広い。足腰を鍛えるというのは精神力の強化につながり、自信につながります。

昨年十一月の八段審査に合格された方の一人も毎日三十分走っていたそうです。その方は十年以上も八段に挑戦し、勝ち取った栄冠でした。昨年十二月、全剣連の合同稽古に行ったとき、いちばんに懸かってきてくれました。ご承知のように八段になれば、元立ちになります。しかし、その方は元には立たず、いままで稽古をお願いしてきた先生方に御礼の意味をこめて、稽古をお願いしているそうです。

このような心栄えは、稽古内容の充実はもとより、身体づくりにも取り組んできたことと関係がないとは思えません。剣道はあらためて素晴らしいと思いました。

このような心栄えの方には稽古をお願いしたいと思うでしょう。私は常々、「稽古をお願いするほうにえらぶ権利がある」と会員の方々に言っています。もちろん、元立ちの先生を休ませてはいけないのですが、ある先生は行列をなしているのに、ある先生は列がぽつぽつ……というのには原因があるはずです。

私はいつも「もう一回、お願いしてほしいと思われるにはどうすればよいか」ということを考えてきました。剣聖といわれた持田盛二先生は「相手より少し強く」といわれていたそうですが、だから稽古をお願いする人があとをたたなかったのだろうと想像しています。

持田先生のような稽古はなかなかできませんが、基本的には相手と気持ちを合わせ、気を抜かないことを心がけています。懸かるときと、懸からせるときで稽古内容がまったく違ってしまう方を見かけますが、元に立っているときこそ、気持ちを充実させなければなりません。

出稽古のすすめ。ときには違う空気を吸う

松風館では毎月第二土曜日に高段者稽古会を開催しています。六段以上の方が常時四十人から六十人くらい集まって地稽古で錬り合います。おかげさまで関東地区はもとより、岩手・宮城・福島・新潟・富山など遠方からも足を運んでいただけるようになりました。

この稽古会は、真っ向勝負です。道場が狭いのでさがることができません。そこで気迫と気迫がぶつかった稽古ができると思うのですが、参加している先生方は出稽古なので緊張感が違うと思うのです。迎える我々も緊張感がありますし、足を運ばれる先生方もなにかをつかんでいこうと考えて来られています。そのような緊張感が稽古の質を高めていると考えています。

出稽古の大きな目的の一つは、自分の力を試すということですが、普段の稽古とは違った環境で稽古や試合を行なうことで、普段見えない自分が見えてくると思います。長所も短所もわかって

くると思いますが、その自分の姿を謙虚に受け入れ、反省・工夫することが大切です。

出稽古のマナーにはいくつかありますが、マナーを知らずに出かけて行けばひんしゅくを買い、評判を落としてしまうことにもなります。そこで細心の注意を払い稽古に臨むことになるのですが、それがいい意味で緊張感をもたらせてくれます。

元立ちに立つ場合でも「稽古をさせていただく」という気持ちが生まれ、その相手との稽古が「一生にこれ一度きりしかない」という「一期一会」の気持ちになります。

また稽古だけでなく、道場内での立ち居振る舞いにも気をつけるようになります。整列で座る場所、元に立つ位置、所作、礼法、着装、言動などすべての人から見られていますので、これも勉強になります。へんに格式ばる必要はありませんが、普段の行動が試されることにもなります。

いまの稽古に加え、うまく出稽古を活用すれば、同じ回数の稽古でも、内容が濃くなっているのでさらに上達が望めます。私も出稽古はずいぶんと行ないました。出稽古を通して、たくさんの人と出会い、お互いの心を開いて意見交換をしたりしてきましたが、それが自分の剣道の肥やしとなっていることはいうまでもありません。

現在、出稽古を迎える立場でもありますが、「また松風館に来たい」と思ってもらえるような雰囲気づくりを心がけています。

打たれ上手な人ほど上達がはやい

剣道は、竹刀を持った者同士が相手の隙を見て有効打突を奪い合うものです。そして自分自身の上達を確認する手段となるのが技です。技は道を求めていくための手段ですので大いに勉強していかなければならず、それが生涯剣道につながっていくはずです。

私は打たれ上手な人ほど上達がはやいと考えています。打たれる人は、打たれることを嫌がっていませんので、打たれることを嫌い、姿勢を崩してまでよけることはありません。つまり理合にのっとって攻め合い、打たれる条件がそろったときに素直に打たれているのです。これは裏をかえせばどうしたら打てるのかを身体に蓄積していることになるのです。

また、打たれるということはぎりぎりまで姿勢を崩さずにいられるということです。我慢ができるということですので、これが技を出すためにもつながっていきます。

これは絶対ということではありませんが、審査に合格された方は、審査前、よく打たれています。八段に通られた方にとくにその兆候が見られます。理にかなっているということなのでしょう。

剣道は打つべき機会にためらうことなく技を出すことが理想ですが、どうしても「打ちたい、打たれたくない」という気持ちが頭をよぎり、手元が浮いたり、足幅が必要以上に広がりすぎたりしてみずから姿勢を崩してしまうものです。

一般社会人の稽古は打ち込み、切り返し、掛かり稽古をフラフラになるまで行なうということはありません。もちろん、打ち込み、切り返し、掛かり稽古は大切な稽古ですが、数をこなすより質を向上させることを頭に入れておきたいものです。質向上の第一歩が姿勢を崩さずに打つことです。

姿勢を崩さないようにするには、常に目線を一定にさせることです。「一眼二足三胆四力」という教えがあるように、剣道においては目の位置づけがもっとも高く、目の作用が剣道の技術を左右するといっても過言ではありません。言い換えれば目の状態が剣道を変えるのです。たとえば目線がぶれれば姿勢、構えも崩れ、目線が一定であれば正しい姿勢、構えをとることができ、会心の一本を打つことが可能になるのです。

会員の方々には目線の大切さを強調しています。しかし、私もふくめ打ち急いだり、迷ったりすると目線が変わってしまうものであり、気づいたときには、お互いに注意するようにしています。

道場というところは同じ志をもった仲間が集まっています。せっかく稽古をするのですから、目的意識を持ち、少しでも上達できるよう工夫・研究をしたいものです。そして、そのお手伝いをするのが指導的立場にある者の務めではないでしょうか。

大公開

これが松風館の基本稽古だ

松風館に通ってくる人は、四十歳代から上の年代の方が多い。試合がメインだった時期から遠ざかり、次のステージに立っている人たちだ。上達するために、時間をつくって道場へやってくる。「大半は、専門家ではなく、なんらかの仕事をしながらその合間に通ってくる人たちです」(岩立三郎範士)

昇段率が高いことで知られる松風館。しかし「変わったことをしているわけではない」と岩立範士は語る。松風館での稽古は切り返し、技稽古、打ち込み稽古が中心。剣道人なら誰でも取り組んだことがある稽古だ。しかし、この基本稽古こそ大人になってからも大事。松風館では、意識の高い基本稽古を行ない、稽古の効率をアップさせている。

「私自身も、審査に落ちたときには打ち込み稽古で左足の引きつけを心がけたところ合格しました。稽古は継続しないとどんどん衰えます。大人だからこそ基本が大事なのです」(岩立範士)

年齢を重ねてなお、強くなるためには基本稽古が最適だ。数多くの高段者を輩出する松風館の稽古を岩立範士に解説をお願いした。あなたの稽古が変わるかもしれない。

形稽古

理合を学んで竹刀剣道に活かす

松風館では、全体で稽古を行なう前に形稽古を取り入れている。稽古開始まで、個人個人が稽古を始め、人数がそろったところで号令をかけて稽古する。

なぜ形稽古を取り入れたのだろうか。

「理合を学ぶことができるからです。剣道はもともと刀の斬り合いです。すり上げる、返すなどの動作は刀にある鎬や反りをつかうものです」（岩立範士）

実際には真剣の代わりに木刀が使われる。日本剣道形には礼法、目付け、構え、足さばき、打突の攻防、呼吸法などの大切な要素が入っており、これらの要素を勉強できるので、形稽古はとても重要である。習得すれば自然と竹刀剣道にも影響し、上達する。木刀で形稽古を行なうと、刀による斬り合いの理合（攻め・機会・技・残心）を学べるからだ。刀法の感覚を覚え、当てっこの剣道ではない、理合に基づいた剣道を心がけるようになる。構えから意識が変わる。

稽古がはじまると「木刀はまっすぐ振り下ろすように」という岩立範士の声が響く。「目線は一定に」「剣先の高さを確認して」と声がかかるたび、門人たちの表情は真剣さを増す。

刃筋を意識する

刃筋正しく、まっすぐ振り下ろす

背中までつけて振る

木刀を背中まで振り下ろし、肩・肘・手首を使って大きな円を描くように振る（写真上）。手の内をゆるめずに振り下ろす（写真下）

「木刀はまっすぐ振り下ろすように注意しています。形稽古では左上段、右上段、八相、中段、下段とさまざまな構えを執りますが、左拳を中心から外さずに大きく振れば、刀法を意識した振り方ができるはずです」（岩立範士）

　時折、岩立範士が手本をみせる。それをみて門人たちがやり直す。

「形稽古は継続すること。おろそかにしては効果がありません。大変な作業ではありますが、やり抜くことで、次第に身になってくるでしょう」（岩立範士）

　全体で合わせての形稽古は十五分ほど。間をおかず、素振りの稽古に移った。

「手の内や足さばきなどの基本の要素を学べます。竹刀や木刀さえあればできる稽古でもあります」（岩立範士）

　上下素振り、三挙動の正面素振り、前後の正面素振り、左右面、股割りの五種類。木刀を用い、剣先をお尻までくっつけるほど大きく振り上げ、肩を使う。

「そのような大きな素振りを行なうときには左手の小指がゆるみがちですが、きっちり握るように心がけます。『きっちり』とは、正しく握ることであり、必要以上の力を使って握ることではありません。ぎゅっと握れば腕が力みます」（岩立範士）

　肩肘手首の力がバランスよく使えるようになれば、小さい振りの打突でも肩をしっかり使い、冴えがでる。

「たとえば、出ばな技が打てるようになります。無駄な力が抜け、出ばなの一瞬の機会に動けるでしょう」（岩立範士）

切り返し

掛かり手を速く引き出して錬度を上げる

　全員が面を着け、四人一組になった。まずは切り返しからのスタートだが、準備運動的なゆるいムードではない。切り返しには手の内、足さばきなど剣道に必要な要素がすべて含まれているといわれる。すべての基本であるがゆえ、準備運動的な枠組みでとらえず、手を抜かないことが大事だ。

有益な切り返しを行なうためには掛かり手本人の意識も大切だが、元立ちの工夫も要求されるところだ。

「元立ちは、掛かり手を速く引き出すように。ゆっくりだと、掛かり手のタイミングがずれる。速く、大きく下がること」

と、岩立範士がアドバイスした。その声を聞いて、元立ちは掛かり手の動きに合わせながら、左足を大きく下げるように心がけていた。

掛かり手の体の勢いに合わせ、上手に引き出すことが求められる。速く引き出すからこそ、掛かり手の左足の引きつけ、右足の出足などが改善される。また、体のブレなどもなくなるだろう。スムーズな移動になる。

「素振りと同じように、肩・肘・手首を使って左右面を刃筋正しく打ちます」（岩立範士）

全身で大きく振る。切り返しは連続で左右面を打つが、雑にならないように、手の内を意識する。斬る打突を心がけ、当てる打ちにならないようにする。

「素振りのときと同じように、左手をゆるめずに振るように心がけます」（岩立範士）

速く移動する

元立ちが速く移動することによって、スムーズな足さばきを覚える

面打ちはまっすぐ

最後の面打ちは、刃筋正しく、しっかり打ち込む

腕には余裕をもたせる。肘から肩をたくさん使うようにイメージし、剣先が大きな弧を描くようにしながら振り下ろす。肘から手首をたくさん使うと、手先だけの打突になりがちなので注意する。物打ちが、ストン、と下りるように心がける。

「切り返しはきつい作業ではありますが、本体をつくれます。だからこそ、おろそかにしたくないものです」（岩立範士）

技稽古

まっすぐ中心をとらえて打つ

切り返しが終わると、休まず技稽古に入った。四人組は変わらない。今回、技の稽古は「正面打ち」「小手体当たり面―胴―面の連続技」「出頭面」「出ばな小手」「抜き胴または返し胴」「正面打ち」の五種類を順番に行なった。

◆正面打ち

面が打てれば他の技も打てるといわれるほど、剣道では重きを置かれる技だ。技稽古に入る前に、岩立範士からアドバイスがある。

「構えたら中心を取る。物打ちが面部位の後ろまで届くほど大きく打つように」

刃筋正しい打ちをするためには、まず構えを正さなければ打てない。素振りで注意されたときと同じように、肩・肘・手首をバランスよく使って打つ。

注意された点に留意しながら何本か打ったところで、もう一つ課題が出た。

「打ったあと、右方向に抜けないこと。自分の踏み込んだ足を、相手の両足の間に入れるようなイメージをもつこと。そうすれば、竹刀が相手の中心にくるので、相手の面部位をとらえる」

撞木足など足さばきが原因で右へ反れて抜けることはよくある。

「突きから面の練習をすると、まっすぐ打てるようになります。実戦の場面で胴に返されることが少なくなるでしょう」（岩立範士）

◆小手体当たりからの連続技

年齢を重ねてなお先をかける剣道をするためにも、体を充分に動かす稽古も必要だ。小手体当たりから、面打ち、胴打ち、面打ちと息を切らさず打ち込む。

正面打ち

刃筋正しく、物打ちが面部位の後ろまでいくイメージで打ち込む

打てる間合まで入って打つと、無理な体勢にならない

体が崩れるため、右に進みながら打ってはいけない

「この稽古は、はじめから打つ部位を約束して打ちます。小手体当たりは、まっすぐ、相手に向かって打ちます。自分の右足で相手の右足にぶつかるようなイメージです」（岩立範士）

　とくに胴打ちは、右にさばきすぎないように注意する。

「胴打ちの際、相手の面打ちはほんの少しさばけば当たりません。身幅の範囲で返すような気持ちで打ちます。そのほうがしっかりと打てます」（岩立範士）

◆出ばな面

　その名前の通り相手の出ばなをとらえる技。出ばなは「起こり頭」「懸り口」ともいい、相手がまさに打突動作を起こす瞬間を打つ。元立ちが右足を動かした瞬間をとらえるようにする。その際、右手の力みについて話があった。

「右手が力むと、技を出す際に剣先が開きます。ですから体が右に流れるのです。また、出頭を打つつもりが逆に機会を与える可

能性があります。左の手の内が締まっていればまっすぐ打てるので、小指と薬指のしめを意識するように注意しています」（岩立範士）

◆出ばな小手

出ばな小手は、出ばな面と同じように、相手が打突動作を起こす瞬間をとらえる技。元立ちは、本気で面を取りにいく。それくらいの気迫を受けながらも、一本を決めることに価値がある。

「また、小手に目線を落としてはいけません。相手に察知されます。相手の目を見て小手を打ちます」（岩立範士）

◆抜き胴・返し胴

胴技は、うまく引き出せれば見事に決まるが、そうではない場合は相手に隙を与えかねない。連続技のときと同じように、身幅からなるべく外れないように体をさばいて打つ。相手がいるとできない場合は、ひとりで振ってみて、太刀筋や体の位置を確認するのも効果的だ。

「刃筋を注意すること。左半身を使うこと。手だけで抜かないことを注意します」（岩立範士）

間合が近くなりすぎると、胴技はむずかしい。遠間から誘い、引き出して打つように心がける。岩立範士は、胴技の三原則を挙げた。

連続技（小手体当たり—面—胴—面）

一連の動作を流さず、姿勢正しく打つ。途切れ途切れにな ってはいけない

1、小手体当たり

2、面打ち

3、抜き胴または返し胴

4、面打ち

出ばな小手

手元を打つ技だが、相手の面に対して姿勢をかがめず、まっすぐ打つ

出ばな面

相手が出ていこうと、右足を動かした瞬間をとらえる。集中力が必要とされる

小さく打ち込むからこそ、手の内をおろそかにしない

胴打ち

なるべく、身幅から外れないまま返す、または抜いて胴を打つ。左半身を使って腰を入れて体をさばく

「剣先を下げない、体の中心で打つ、刃筋を立てる。この3か条が重要と考えています。自分が崩れないまま相手を崩し、打突したいものです」（岩立範士）

打ち込み稽古

打ち間をとらえて正しく打つ

最後は打ち込み稽古。一般的にいわれる「打ち込み稽古」とは、元立ちが示す動きに対し、瞬時に反応して打ち込む稽古。一拍子で打突する動作を、連続して行なう。ただ打ち込む、機械的な動作はさけたいものだ。

「打ち込みは、『打ち込み十徳』といわれる通り、剣道上達の要素がたくさん含まれています。打ち込みの目的を意識して取り組めば、効果がさらに上がるでしょう」（岩立範士）

年齢が上がれば、今まで打てていた間合から跳ぶことができなくなる。体力の維持はもちろん、自分の打ち間を再確認することにもつながるだろう。

打ち込みは連続の動作になるため、雑にならないように心がけたいもの。有効打突の条件には「充実した気勢」「適正な姿勢」「竹刀の打突部で打突部位を刃筋正しく打つ」「残心あるもの」とある。連続動作で基本が崩れがちになるからこそ、これらの条件を満たす打突を心がけたい。

また、打ち込み稽古は元立ちの重要性も問われる。掛かり手が振り返る瞬間に、打突の機会を導く工夫がいる。パッと間合を切る、あるいは打つ瞬間に部位をふっとみせる技術が必要だ。

掛かり手が振り返って打突に移ろうというときにあからさまに部位を示すと、打ち込み自体の効果が薄くなる。打ち間に入って

きた瞬間に、ほんの少し竹刀を立てるなどの何気ない動作が、掛かり手に「きざし」として映る。

打ち込み稽古では、岩立範士が元立ちの列にまざりながら会員たちと汗を流した。打ち込み稽古は、互格の相手同士ではむずかしいといわれる。掛かり手の気迫に対し、「さあ、来い」というそれ以上の気迫で迎える心構えが必要なのだ。掛かり手は、思い切って立ち向かう気迫が求められる。

「松風館は、愛好家の集まりです。技の練習を一から取り組むつもりでやっています。基本の打ち込みをくり返してきた人こそ、上達します。審査に落ちたら、原点に返るようにいっています。審査前になって稽古し、審査が終わるといなくなるのではいけないわけです。これからも、基本を重視して取り組んでいきます」（岩立範士）

身になる地稽古　ならない地稽古
真剣に力を出し尽くす

地稽古は取り組み方が重要
悪癖がつくとやるほど悪くなる

つまるところ剣道は稽古をしなければはじまりません。本を読んで頭から入るよりも、人より何倍も汗を流すことが大切です。大人の稽古といえば一般的には地稽古が中心です。地稽古は下手《したて》が上手《うわて》の先生にお願いし、自分のもっているものをすべてぶつけていくものです。文字通り、地力をつける稽古ですから、剣道の力が上がるような内容をめざさなければいけません。

地稽古は「ここだ」と思ったときに自分のイメージする技を精一杯に打ち込んでいくものですが、打たれたくないと考えるようになると、防御の姿勢から打つ、斜めから打つなどの悪癖がつきやすくなります。人間はどうしても本能として打たれるのを嫌いますので、仕方のない部分もありますが、このような癖がつくと稽古をすればするほど剣道が悪くなります。

また、地稽古では自分本位になりがちです。どうしても「打ちたい、打たれたくない」という気持ちが働きますので、それをいかに我慢し、相手とのやりとりのなかで技を出すことが重要です。「打たれること」を嫌がらず、持っているものを素直に出しましょう。そもそも、上手の先生を打った結果をもってして、自分の技術向上の判断基準とすること自体が間違っています。「打った、打たれた」ということは、結果としてはわかりやすいですが、引き出していただいたと考えるべきです。

松風館は狭い道場です。ゆえに下がることも、左右にさばくこともできません。元立ちの先生方に全身全霊をもってぶつかるしかないつくりになっています。間合を切って外す、拍子を外して打つといった小細工は通用しません。元に立つ先生方には、懸かるほうが正面からぶつかれるような稽古をお願いしています。

くり返しになりますが、地稽古では全力を出し切ることが重要です。出し切ることによって自分の欠点が明確になり、課題がわかってきます。力を温存したり、試合のような稽古をしていては、課題は見つかりません。真剣に力を出し尽くす覚悟で向かっていき、息が上がるまで、全力でぶつかっていくようにしましょう。

上手との地稽古
強いところへ真正面からぶつかること

地稽古では、どんな相手にも積極的に仕かけていくことが基本です。仕かけていくということは動作の隙が生じます。「返されるかもしれない。届かないかもしれない」など雑念がよぎりますが、それらを振り切り、技を出すようにします。

上手の先生に稽古をいただくときは、先生の強いところへ真正面からぶつかっていくべきです。たとえば絶対に面を打たせない先生でしたら、先をかけてなにがなんでも面を打っていきます。小細工した面打ちではなく、捨て切った面、それに徹して稽古をいただくのです。

先生に稽古をいただくわけですから、実力に差があるのは当然です。よって、駆け引きをせず、気力をふりしぼり、いかに先生を動かすか、そしてまっすぐな、打ち切るような面が出せるかに徹するのです。いくら返され、押さえられても、攻めては打ち、また攻めては打っていく。覚悟を決めてお願いするのみです。

当然、お相手の先生を動かすことなど簡単にはできません。しかし、動かすことができなくても、面が打てなくても、必ず後々につながるなにかが残ります。先生の弱点を探して、しきりにそこをついていくような稽古は、すべきではないと、私は考えています。

そのような稽古は、勝負であって、互格稽古でやるべきです。先生が「一本」、もしくは「三本」といわれたとき、はじめて許される稽古だと思います。元立ちの先生にお願いする稽古は勝負ではありません。虚ではなく、実に向かって正面からぶつかっていく。自分の力量の問題ではなく、その先生の持っているなにかをいただくという気概で稽古に臨むべきだと思います。

しかし、残念なことに、互格稽古と地稽古を混同している方が少なくありません。稽古をお願いする側が押さえたり、抜いたりすることはあってはならないことだと思います。元立ちの先生に先に打たれることは恥ずかしいことだと認識するべきでしょう。四段、五段でも懸かりの稽古を主体とし、常に先をかける稽古が大切です。六段になっても元立ちから先に打たれ、引いて打つ、待って打つ、返して打つなどすることは慎むべきです。七段になっても前半は懸かりの稽古をめざし、下手の立場に徹することが大切です。

下手との地稽古
気を抜かず、癖の矯正につとめること

反対に元に立つ場合ですが、まずは懸かるときと同じ気持ちで

蹲踞をおろそかにしない

とくに元に立つと蹲踞がおろそかになりがちになるので要注意。蹲踞をするときは左足に強く力を感じながら腰を下ろし、下腹に力を入れる。その入った状態を維持して対峙する

真剣に力を出し尽くす

地稽古は間合を切ってはずす、拍子を外して打つといった小細工はせず、全力を出し切ること。出し切ることによって自分の課題がわかってくる

稽古をすることが大事です。お願いするときと、受けるときではもちろん立場が違いますので、課題も違います。しかし、あしらうような稽古は戒めるべきです。下手との稽古こそ気は常に先をかけ、追い詰めるような気分で対峙することが大切です。相手を引き出すのです。

引き出すには、相手としっかり気を合わせることが大事です。そして相手が精一杯の力で打ちを出したとき、いい機会だったら打たせるようにします。この打たせ方も技術があり、あからさまに打たせては真剣味が薄れ、稽古は味気ないものになってしまいますので注意が必要です。自分の力で打ったと錯覚させるような演技力が求められます。

下手との稽古は、自分の悪癖を矯正できるチャンスです。私は、かつて面を打つときに一度、竹刀をくるりと回して打つ癖がありました。試合ではこの技がよく決まっていたのですが、あるとき、成田高校の恩師である滝口正義先生から「まっすぐな面を打つように」と、ご指導をいただきました。まっすぐな面打ちを自分のものにせよ、という課題が与えられたわけですが、下手との稽古で矯正するように取り組んできました。

また、姿勢を崩さずに対処することを勉強するのにも最適です。姿勢は目線の位置で決まるものですが、攻防のやりとりのなかでもそれを一定に保てるのかを試すのです。

蹲踞についても気をつけたいものです。最近、蹲踞をしっかりやらなくなっていると感じることが少なくありません。相手が小

目線を一定にする

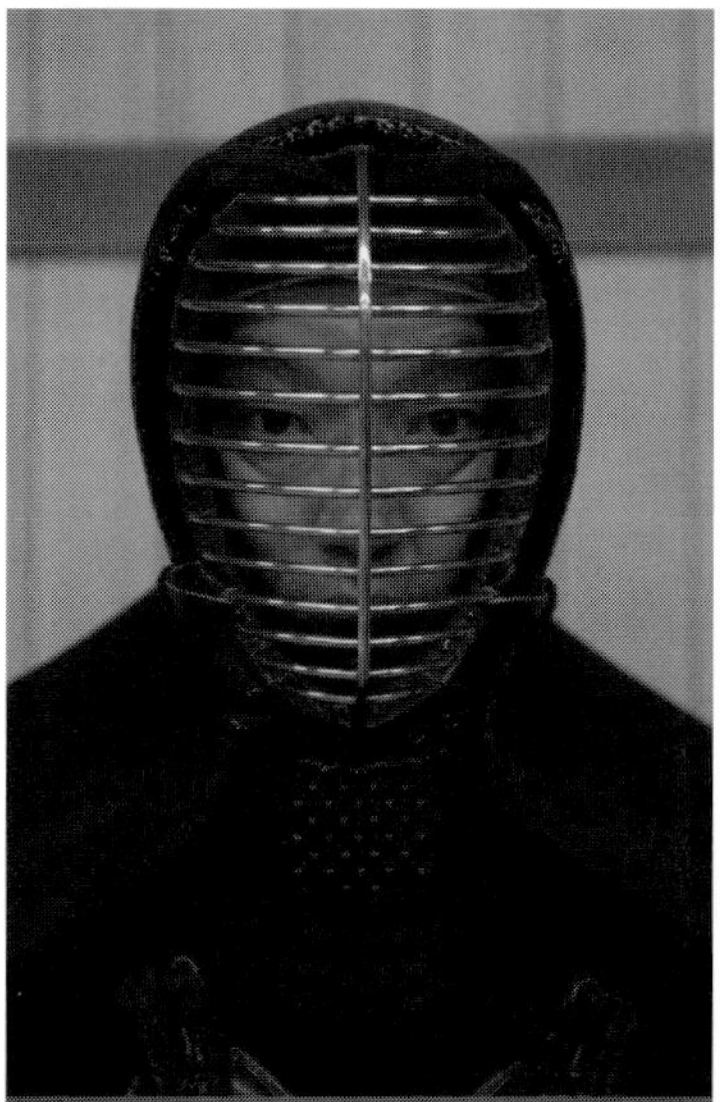

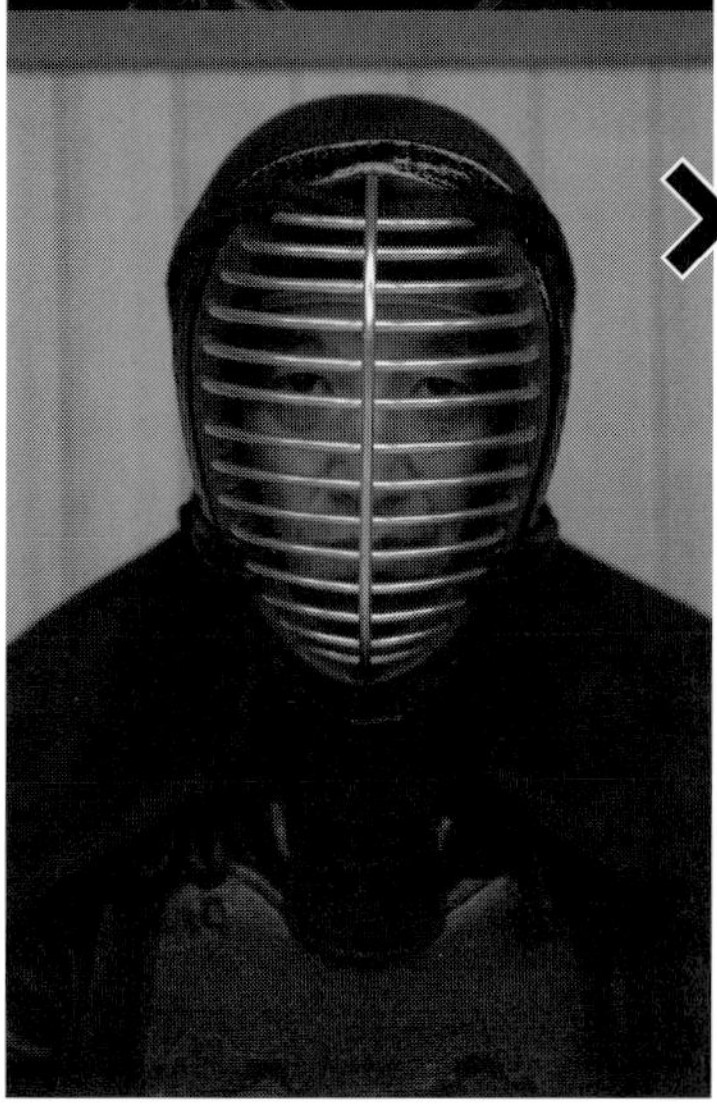

面のつけ方もポイントとなる。物見から相手を見ること。物見から目線が外れると姿勢は崩れる

下手との稽古では姿勢を崩さないことを心がける。目線を一定にして対処し、打突部を見たりしないこと（写真下）

学生であっても大人であっても最初から最後までしっかりと蹲踞すべきです。下手が勝手に立ち上がったりすることもありますが、これは我々元立ちが教えてこなかったともいえるのです。

　参考までに蹲踞の要領を述べておきます。まず、頭上の髪を数本つまんで「気をつけ」の姿勢をします。そこからできるだけゆっくり、髪の毛をひっぱり上げながら蹲踞をしていきます。蹲踞の姿勢は少し右半身ですから、左足により強く力を感じながら腰を下ろしていくことになり、自然と下腹に力が入ります。尻は両足踵に乗せてはいけません。

　いずれにせよ、上手の先生にお願いするとき、「もう一度、お願いしたい」という先生がたくさんいたはずです。元に立ったとき、そう相手に思ってもらえるような稽古をすることが大切です。

本音を引き出す稽古ができたか 先生の目を見て批評を待つことが大切

稽古が終わったあと、いただいた先生に挨拶に行きますが、ここにもポイントがあると思います。一所懸命になっていれば、先生方というのは必ずそれを見ていてくださるものです。

「啐啄の機」という禅語があります。雛《ひな》が卵から出ようとして、殻《から》の中からつつくのと同時に、親鳥が殻をつつく。それが転じて、いま一歩で悟りを開くまでになった弟子に対し、師が適切な教示を与えて悟りに導くという意味です。

剣道に置き換えると、元立ちの先生が親鳥です。お願いする側は常に殻のなかで鳴いている雛であることが大切だと、私は考えています。よって、稽古が終わったら「ありがとうございました」と挨拶にいったとき、先生の目をしっかりと見て、批評の言葉が出てくるのを待ちます。そのとき、なにも言ってもらえなくても、次の機会にはまた同じようにするのです。そういう求める姿勢を持ち続けることが大事です。

私は先生方からのアドバイスで自分の剣道を伸ばしていただきました。たとえば、七段を受審して落ちたとき、当時千葉県警の師範だった馬淵好吉先生からは足幅のことを指摘されました。ようするに足幅が広かったのです。相手を攻めたとき、右足だけが前に出て左足が残っていました。そこを乗られて打たれていたわけです。馬淵先生にご指摘いただいてからは、左足を意識し、小学生の掛かり稽古を受けながら、面の打ち込み稽古をしました。

やはり先生方からアドバイスをいただくには、本音を引き出すような稽古を求めていくことが大切ではないでしょうか。そこを意識して稽古に取り組めば、必ず応えてくださるものです。先生方が目をそらすような稽古をしていたのではなにも得るものがないと思います。

これが一本になる技ならない技 審査員、審判員の心に響く

技は「仕かけ技」と「応じ技」に大別されますが、仕かけ技は自分のほうから先に仕かけていくものであり、応じ技は相手の仕かけてくる技に対して、応じながら変化して打つ技です。

剣道の技は、百点（有効打突）か〇点（非有効打突）、惜しい技は評価されません。試合では、百点の技を出せなければ相手に勝つことはできませんし、審査でも制限時間内に有効打突を出せるか否かは合否を決める重要なポイントとなります。

かつては一本も技を出さなくても相手を攻め上げ、技を出させない状態で合格したケースが七段クラスでもありました。しかし、最近は機会をとらえた完璧な一本が出ないとなかなか合格は難しいといわれています。

普段の稽古から「打った、打たれた」ではなく、プロセスを重

視して、稽古に取り組む必要があると思います。つまるところ自分の間合で戦い、得意技を出すということになると思います。

試合においても審査においても稽古においても得意技を出すことは大事です。だれと立ち合っても出せる自分の得意技というものを持っていなければいけないと思います。そして、それが通じなかったら次の技、それもまた通じなかったらその次の技と思念工夫しながら技を覚えていくことが剣道の修行だと思います。

ただ、審査では「相手を打ったのに落ちた」というぼやきをよく聞きます。これは審査員の心に響く一本を出していなかったということです。返し胴などは顕著な例だと思うのですが、相手の面を引き出して打ったのか、それとも相手が面にきたところを打ったのかで評価はまったく違います。

技は無限にありますが、ここでは昇段審査でよく決まる「出ばな面」「仕かけて面」「出ばな小手」「返し胴」「抜き胴」を例に、審査員、審判員の心に響く技の打ち方を紹介したいと思います。

出ばな面

左手で竹刀を引き上げ、中心を割る

昇段審査で出ばな面が決まれば、ほぼ合格といわれる難しい技です。相手が出てくるところを面に乗ったのではタイミングを逸

していいます。

相手の発動に対し、上から乗るような気持ちで打ちます。打つ気持ちが強すぎると右手主導の打ちになるので、左手、しかも小指、薬指で竹刀を振り上げるような気持ちで操作することが大事です。この感覚がつかめると竹刀操作がスムースになり、最短距離で打てるようになります。狙う打突部位は面の中心です。当てにいくと右斜めに開いて打ってしまうので、右足を相手の中心に入れる気持ちで踏みます。

なお、稽古では最初は大きく打つことが大切です。最初から小さく打とうとすると刺すような打ち方になりやすくなるからです。「大きく」から「小さく」を意識しましょう。

仕かけて面

竹刀の身幅で中心を取って打つ

この技は、攻めによって相手の剣先が下がる、上がる、開くなど、構えの変化をとらえて打つものですが、面は剣先が下がろうとしたところ、開こうとしたところを打つものです。

出ばな技と違い、相手は前に出てきてはいません。よってどの間合で打ったらしっかり打てるのかを身体に覚えさせておくことがまず大切です。審査では打ち急ぐあまり、届かない距離で打ってしまうことがよくあります。届く距離に入るということは相手

仕かけて面

竹刀の身幅で中心を取り、構えの崩れを察知して打つ。充分に届く距離に入っておくことが大切

仕かけて面のポイント

構えの変化を察知　面が打てる機会は剣先が下がろうとしたところと開こうとしたところ

打ち間を知る　自分がどの間合から打てば届くのかを知ること。稽古と本番では届く距離が異なる

身幅で中心を取る　竹刀の身幅分、中心を取るだけでこちらは有利になる。腕に力を必要以上に入れないこと

きざしを消す　打突の機会は、相手の構えがまさに崩れようとするところ。相手に気がつかれないように打ち間に入る

出ばな面

相手の打ち気を引き出し、そのきざしに面に乗る。小指、薬指で竹刀を振り上げるような気持ちで操作すると、最短距離で打つことができる

出ばな面のポイント

上から乗る　相手が出ようとしたところを打つので刺すような軌道になりやすい。上から乗るような気分でとらえる

小指と薬指　右手主導の打ちになると絶対に成功しない。左手の小指と薬指で竹刀を振り上げるような気持ちで操作する

右足は相手の中心　狙うのは相手の面の中心。自分の右足を相手の両足の間に踏み込むようにするとまっすぐに打つことができる

最短距離　相手が出ようとするところを打つので、竹刀の軌道は最短距離で相手に届かせるようにする

も打てる距離ですので怖いですが、勇気をもって入ることです。打ち間は人によって違いますが、中結の位置がひとつの判断基準になります。

打突はなるべくきざしを少なくします。竹刀の身幅で中心を取り、相手が躊躇したところを打ちます。右手で打つと起こりが大きくなるので、左手で引き上げ、両手の小指、薬指でしめて打ちます。

出ばな小手

右足の工夫で体勢を崩さずに打つ

出ばな小手は相手の剣先がわずかに上がったところを打つものです。面に出てきたところを打つのは押さえ小手です。小手を打ったあと身体を折り曲げるようにして右にさばいていく方がいますが、基本的には自分の右肩で相手の右肩にぶつかるような打ちが望ましいと思います。自分の右足で相手の右足を踏むように打て、という教えもあります。身体を折り曲げるということは姿勢

出ばな小手

相手が出てきたところを打つのではなく、相手が出ようとしたところを打つ。自分の右肩で相手の右肩をぶつけるような気持ちで打つと姿勢が崩れにくくなる

出ばな小手のポイント

きざしを打つ　相手が面に出てきたところを打つのは押さえ小手。出ばなは相手の手元が浮いた瞬間をとらえる

右肩と右足　自分の右肩を相手の右肩にぶつける。または自分の右足で相手の右足で踏む。この感覚で打つと姿勢が崩れにくくなる

相手の刃部　打突後は相手の刃部に跳び込むような気持ちで打つ。技がまっすぐになり、鋭くなる

目線は一定　小手は手元にあるので凝視しがちだが、目線が下がると姿勢が崩れやすくなるので目線は極力一定にする

の崩れですので、見栄えがしません。

相手と対峙し、手元の起こりに小手を打ち、相手竹刀の刃部に跳び込んでいくような気持ちで打つと、技がまっすぐで鋭くなります。

また、小手は手元にあるので、打突部位を凝視しがちです。小手を見ると目線が下がるので、体勢が崩れやすくなります。他の打突部位と同様、目線は一定にしておきます。

返し胴

待った印象はこうして払拭する

返し技は、相手が「打てた」と思った瞬間に打つことが大切です。充分に技を打ち切らせないと瞬時に返すことができないからです。

返し胴は「相手の技を出させたのか」、それとも「きたところを打ったのか」で評価が大きく変わります。出させて打つには、打つ前の攻めが重要です。「気は先、技は後」の教えのとおり、充分攻め上げます。待って打ったという印象を持たれないようにするには前で受けることです。中段に構えた竹刀をわずかに上げただけで返すことは可能です。大きく上げて返すと、差し込まれたように見えてしまいます。

効果的に返し技を遣うには、遠い間合から打たせることです。近い間合ですと差し込まれやすくなり、見栄えもよくありません。遠い間合であれば余裕をもってさばけます。

抜き胴

身体半分の移動で崩さずに打つ

抜き胴は、相手の面打ちに対して、右足を右斜め前に出しながら、相手が空を切って両腕が伸びきるところに右胴を打つものです。

胴は手首を返して打つので姿勢が崩れやすくなります。身体を曲げて面をよけるのではなく、わずかに右斜め前に出て、面をさばいて打ちます。身体半分の移動で充分です。面にきたところに合わせて打つ姿勢は大きく崩れるので、返し胴と同様、充分に攻めることが大切です。

胴の三原則は、剣先を下げない・身体の中心で打つ・刃筋を立てることです。近年、右手一本で処理する打ち方が散見されますが、評価できる打ち方ではありません。

他の打突部位と同様、左手で打つことを心がけます。左手で打つことを心がけると身体の中心で打つことができますので、見栄えのよい胴が打てます。

抜き胴

相手の面打ちを身体半分の移動でさばくこと。大きく移動すると姿勢が崩れ、打突が有効にならない

抜き胴のポイント

右斜め前方　相手の面打ちに対し、右足を斜め前方に出す。このことで相手の技を、空を切らせる
身体半分　相手の面をさばくのは身体半分の移動で充分。大きく移動すると姿勢が崩れる
剣先は下げない　胴打ちは上から下に斜めに切り下ろす。このとき剣先は下げないこと
身体の中心で打つ　他の打突部位と同様、左手で打つ。手首を返して打つが、左手は身体の中心に置いておく

返し胴

相手が「打てた」と思った瞬間に返して打つ。遠い間合から面を打たせるようにすると余裕をもってさばける

返し胴のポイント

打突前の攻め　相手が「打てた」と思った瞬間に返すこと。充分に技を打ち切らせないとキレのある技にならない
前方で受ける　相手の技は前で受ける。前でさばくことができると竹刀操作が円滑になる
技を待たない　相手の技が出てから応じると、差し込まれてしまう。待って打つのではなく、引き出して打つ
遠い間合　遠い間合から面を打たせること。遠間であれば余裕をもってさばくことができる

稽古を充実させるために取り組んでおきたい一人稽古

一人稽古は剣道の力をつける上でもっとも大切な稽古のひとつです。一人稽古だけで実力を伸ばすことは困難ですが、来る稽古に向けて一人稽古で準備をし、道場の稽古で確認するようなかたちができれば稽古の質が格段に上がります。

とくに一般社会人は稽古時間に限りがあります。しかし、一人稽古であれば自分の時間さえ確保できれば行なうことができます。

一人稽古といえばまっさきに素振りや打ち込みが浮かびますが、見取り稽古も一人稽古に入ると考えています。ケガなどで稽古ができないときにも見取り稽古はできます。稽古をやらないで自宅で寝ているよりも、道場に足を運んで見る勉強をするのも大事です。

他人の稽古を見るのは本当にいい勉強になります。自分を置き換えて考えることもできるし、その人の特徴も覚えることができます。

これまで私が取り組んできた一人稽古といえばランニングと素振りです。走ることの重要性については前述しましたが、実は小さい頃から走るのが苦手でした。千葉県警に入ってからも苦手で、後ろで走ってばかりでしたが、レギュラーで起用されるためには走って身体をつくらなければならないと一念発起したことがきっかけで、自分でも走るようになりました。私は剣道特練としては、ほとんど実績は残せませんでしたが、走ることはやめずに続けてきました。そのおかげでいまがあります。現在も時間を見つけては走っています。

また、一人稽古の王様といえば素振りです。剣道に限らず、野球、ゴルフ、テニス、卓球など、いずれも素振りにしっかりと時間をかけています。剣道の素振りは、竹刀さばきの原則的な事柄を体得するために重要ですが、実戦に役立つ身体の使い方も身につきます。ただし、間違った方法で素振りをすると剣道が悪くなるので、注意が必要です。

手の内

竹刀はしっかりではなく、きっちりと握る

素振りをする上で重要なのは構えです。足構えは、左足のつま先と右踵の間隔を、前後左右ともに約十センチ程度とし、両足の内側を平行に保ちます。これを動いたときも維持させます。動いていくうちに意外と崩れますので注意が必要です。

また、竹刀を握る際、左手は小指半がけで、小指薬指が柄から離れないように握ります。右手は鍔元を左手と同じ要領で添える感じで握ります。

小指・薬指で竹刀をしめる

正しく構えた状態で竹刀を振り上げ、振り下ろした瞬間、両手の小指・薬指で竹刀をしめる。剣先から竹刀が落ちる理想の軌道になる

きっちりと握る

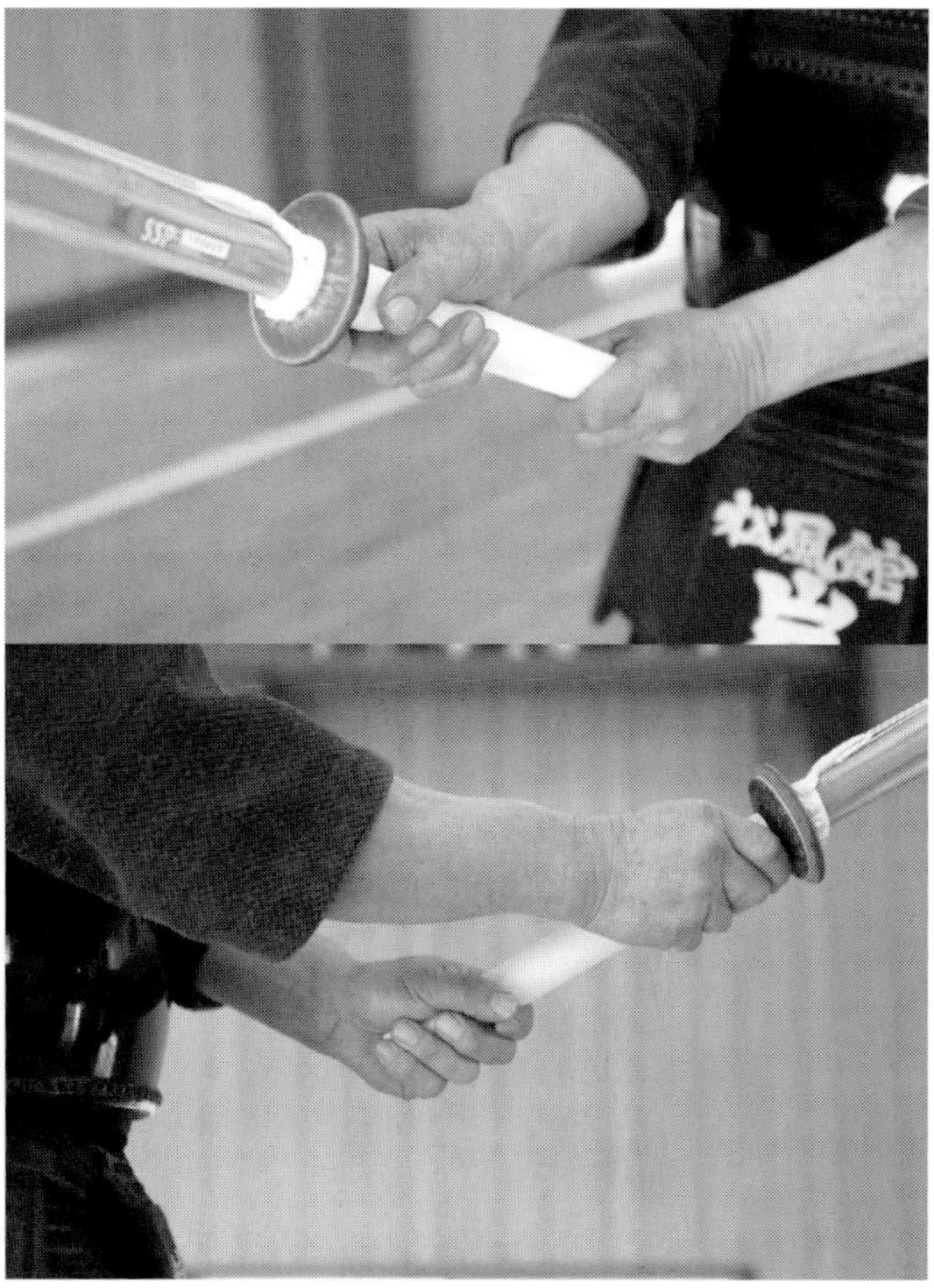

正しい手の内できっちりと握る。強度は竹刀を剣先から引っ張られたとき、抜けてしまう程度

振り上げはまっすぐ

肩を柔らかくするためにも最初は振りかぶった竹刀をお尻につける。このとき手の内を緩めてはいけない

「左手はしっかり握りなさい」と教えていますが、どうも「しっかり」と意識させると力が入りすぎてしまうようです。私は「きっちり」というようにしています。「きっちり」とは、構えた状態で、だれかに竹刀を剣先が引っ張ってもらったら、抜けてしまうくらいの強度ととらえています。

この状態で竹刀を振り上げ、振り下ろした瞬間、両手の小指・薬指で竹刀をしめます。そうすると剣先から竹刀が落ちていく、理想の軌道になります。両手に余分な力が入ると、肩・肘も硬くなり、剣先から竹刀が落ちず、途中で止まった素振りになります。

竹刀の振り上げは、竹刀がお尻につくまで行ないます。四十五度で止める方法もありますが、肩を使った打突を覚えるにはお尻までつけたほうが効果的です。このときも左手を緩めてはいけません。構えたままの手の内で竹刀を振ることが素振りでは大切です。振ったときに手の内が緩むと、打突に冴えや伸びがなくなります。そのような状態で竹刀を振れば、振った分だけ悪癖がつきます。

以下は私が奨励する四種類の素振りを紹介します。

上下振り

小指を緩めず、天井を突き上げる

上下振りは正しい刃筋で竹刀を上下に振ることを覚える稽古です。肩をいっぱいに使い、竹刀を天井に突き上げるような気持ち振り上げ、お尻に竹刀をつけます。腕を後ろにもっていくので、負担がかかりますが、左手は緩めてはいけません。関節の関係でお尻までつかないのであれば、左手が緩まないぎりぎりのところまで振りかぶります。

振り下ろしは膝頭程度のところまでとします。振り下ろしたときに左手の握りが上がって「抜け手」にならないようにするため、左手の握りは軽く内側に絞り下げながら下腹に納めます。

とくに注意するのは振りかぶるときの握りです。握り方を変えたり、指を竹刀から離したりしないようにします。また、両拳が正中線を通るようにし、左右の力が均等になるように心がけます。右手に力が入ると竹刀は右側に開きます。

上下振りのポイント

肩を使う　竹刀を天井に突き上げるような気持ちで振り上げ、お尻に竹刀をつける。肩の可動域を広げる意識を持つ

小指を緩めない　竹刀を振るとき、小指を緩めない。とくに振り上げたときに緩みやすいので、握った状態を維持する

正中線　いつも正しい刃筋で竹刀の軌道が正中線を通るようにする。振り下ろしたとき、抜け手にならないようにする

手首の位置　とくに左手首の位置を変えないようにする。ここの位置が動くと握りが緩んでくる

上下振り

左拳の握りを緩めず、竹刀を振り上げ、振り下ろす。いつも正中線から左拳がずれないようにする

正面素振り

切り手を意識し、左手から落とさない

正面素振りは、面の位置で竹刀を止めます。面の位置で竹刀を止めたとき、左手はみぞおちの高さ、右手は肩の高さにくるようにします。切り手で打ち切り、竹刀が立たないようにします。打ち切った瞬間、小指・薬指でしめないと竹刀が立ってしまいます。正しい手の内で竹刀を握っていないと指でしめることができませんので要注意です。この動作をくり返しますが、一本、一本、しっかりと打ち切ります。決して反動で振らないことです。

素振りは意識が上肢にいきがちですが、足こそ大切です。左足を踏むことで身体は前進しますが、このとき右足の親指をまっすぐにしておきます。親指が右に向いているとまっすぐに振れません。素振りは相手をイメージしながら振ることが大切ですが、相手の中心に右足をもっていくようにするとまっすぐになります。

正面素振りのポイント

切り手　打った瞬間、常に切り手でいること。右手に力が入ると止め手になり、剣先が立ってしまう

左手の位置　面を打ったときの左手の位置はみぞおち。くり返すと位置がずれることもあるので注意する

右足の親指　右足の親指を正面の仮想敵に向かってまっすぐにすすめる。親指の方向がずれるとまっすぐに振れない

反動で振らない　前進後退をくり返すと反動で振りやすくなる。一本ずつしっかりと打ち切ること

左右面

手は常に身体の中心に置いておくこと

左右面は手首がしっかりと返っていることが大切です。相手の耳の上を刃筋が通った状態で打てることです。面金三本目の横あたりです。切り返しでその部位を一本、一本、正しく打つことは難しいですが、素振りではしっかりと手首を返して打つことを意識します。速く振ることも大事ですが、まずは正しい軌道で振れているかを確認します。

相手の左面を打つことは比較的簡単ですが、相手の右面を打つとき、左手が身体の中心から外れやすくなるので注意が必要です。頭の上をまわすような振り方では稽古ではなく、単なる運動になってしまいます。

正面素振り

打ったとき、右手は肩の高さ、左手はみぞおちの高さにくるように振る。右手主導になると剣先が立ってしまう

左右面のポイント

手首を返す　竹刀を頭上まで上げ、そこから手首を返して打つ。速く振ることより、正しく振ること

こめかみ　手首を返して打った竹刀は相手のこめかみの位置に持ってくる。この感覚を切り返しにつなげる

身体の中心　左拳は常に身体の中心に置く。中心からずれると手首を返すことができない

竹刀をまわさない　左拳の位置がずれると竹刀を頭上でまわすような軌道になる。まわすのではなく、あくまでも切り返すこと

左右面

手首を返しながら斜め45度に振り下ろす。左拳が正中線からずれないように注意する。とくに左面を打つときにずれやすい

左右どちらを打つときも、手の内は身体の中心に置きます。左手の握りは正中線を上下し、右手で方向を変えます。この操作が円滑にできないと、刃筋の通った正しい打ちはできません。

連続空間打突

4つの打突部位を正しく打つ

突き・小手・面・胴、四つの打突部位を空間打突で連続して行ないます。前に出るときは突きから行ない、後ろにさがるときは突きを抜き、小手から行ないます。すべての打突部位を正しい手の内、正しい足の運び、正しい軌道で打てているかを確認するものです。

突きは手首を内側に絞り込みながら腰で突きます。小手は竹刀と床とが平行になるように打ちます。面は左手をみぞおち、右手を肩の高さにくるように打ちます。胴は剣先を落とさぬよう、左拳を下腹に納めて打ちます。四つの動作は、反動で振るのではなく、一本ごとにしっかりと打ち切ります。これをくり返します。

素振りは数をかけることが大切ですが、正しく振ることのほうがもっと大切です。数をかけているうちに上達するかもしれませんが、正しいイメージを頭に入れて振ると効果的です。

連続空間打突のポイント

突き　手首を内側に絞り込みながら腰で突く。左足を残さない

小手　竹刀と床とが平行になるように打つ

面　左手はみぞおち、右手は肩の高さにくるようにする

胴　剣先を落とさず、左拳を下腹に納めて打つ

正しい軌道　連続で行なうが、速く振ることよりも、正しく振れているかを重視する

連続空間打突

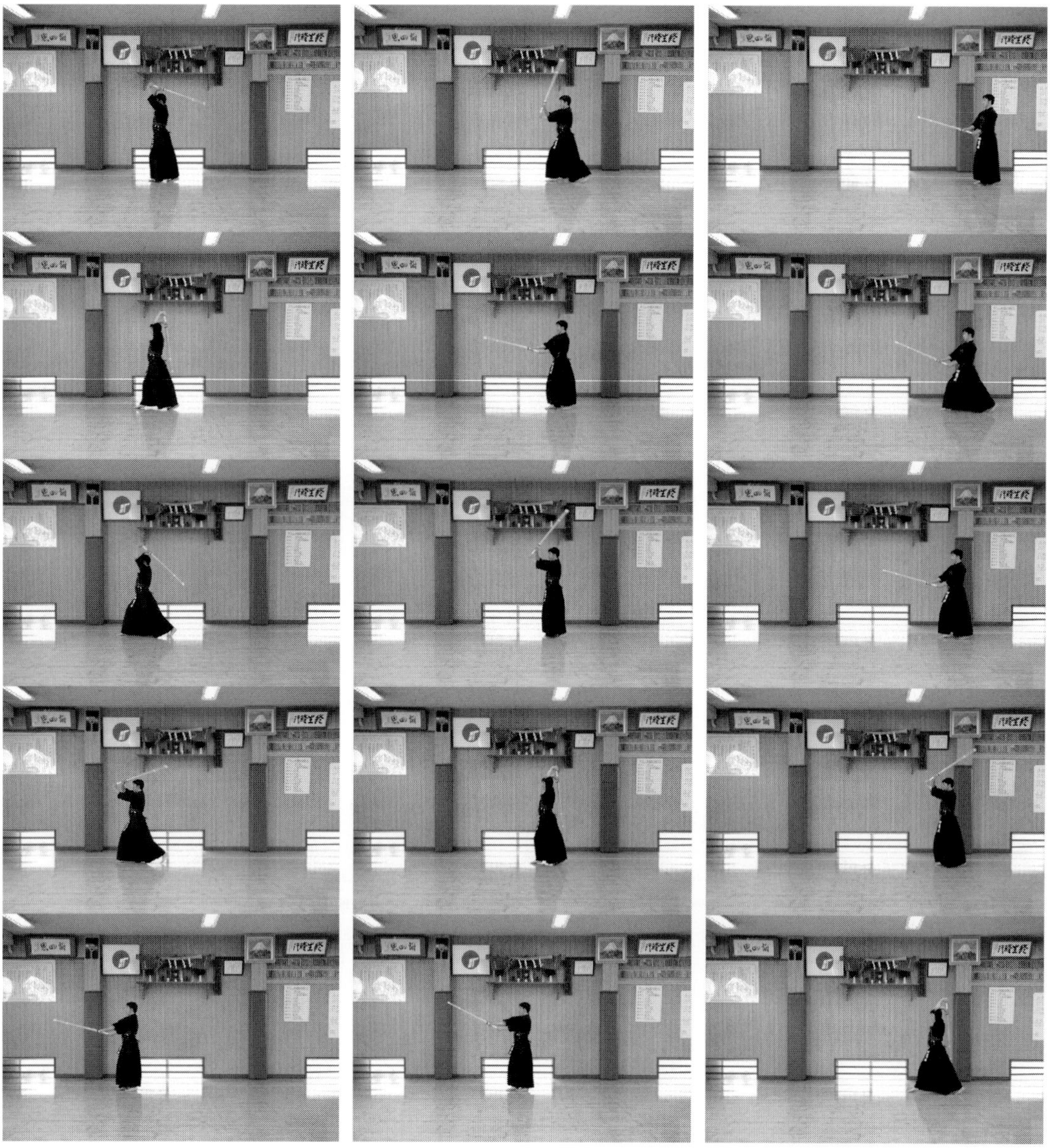

面、小手・胴・突き、それぞれ正しい軌道で振れているかを確認する。速く振るより、理にかなった振りができているかに注目する

上達したいなら道場に通い続けること

剣道を続けていく上で大切なことは仲間を持つことです。その仲間を持つためにも道場に通い続けることです。師匠の教えを受けることの大切さは前述しましたが、仲間を持つことは同じくらい大事なことだと考えています。

剣道は生涯にわたりできるものですが、単なる打ち合いではなく、互いに求め、高め合うことができることに魅力があるからだと思います。審査が近くなるとあわてて稽古をしはじめて、審査が終われば来なくなるというのでは淋しいです。もちろん昇段はひとつの目標ですが、あくまでも上達のための手段です。もっと大きな目標を掲げ、剣道に取り組むべきではないでしょうか。

いま、松風館には茨城から高崎慶男先生に来ていただいています。高崎先生は今年八十六歳、七十四歳で八段に合格され、十年後、範士になられました。いまでも立派に稽古をされる高崎先生はまさに生涯剣道、私の目標となっています。

いつまでも元気に稽古を続けるには、健康でいることです。技術の上達、心の充実をめざすには健康であることが必要不可欠です。指一本、ケガをしても剣道はできません。

現在、松風館では稽古後はストレッチを必ず行なうようになりました。時間をある程度かけ、丁寧に全身の関節をやわらかくしています。とくに剣道は、足腰に負担がかかります。腰のストレッチ、足のストレッチを入念に行なうようにしています。ストレッチを行なうと翌日の疲労感がまったく違います。ストレッチを怠ると筋肉が硬くなっているのが自覚できるのです。

稽古後、一人でストレッチを行なうのはなかなか続きませんが、松風館では仲間全員で行なっていますので、続きやすい環境を提供しています。

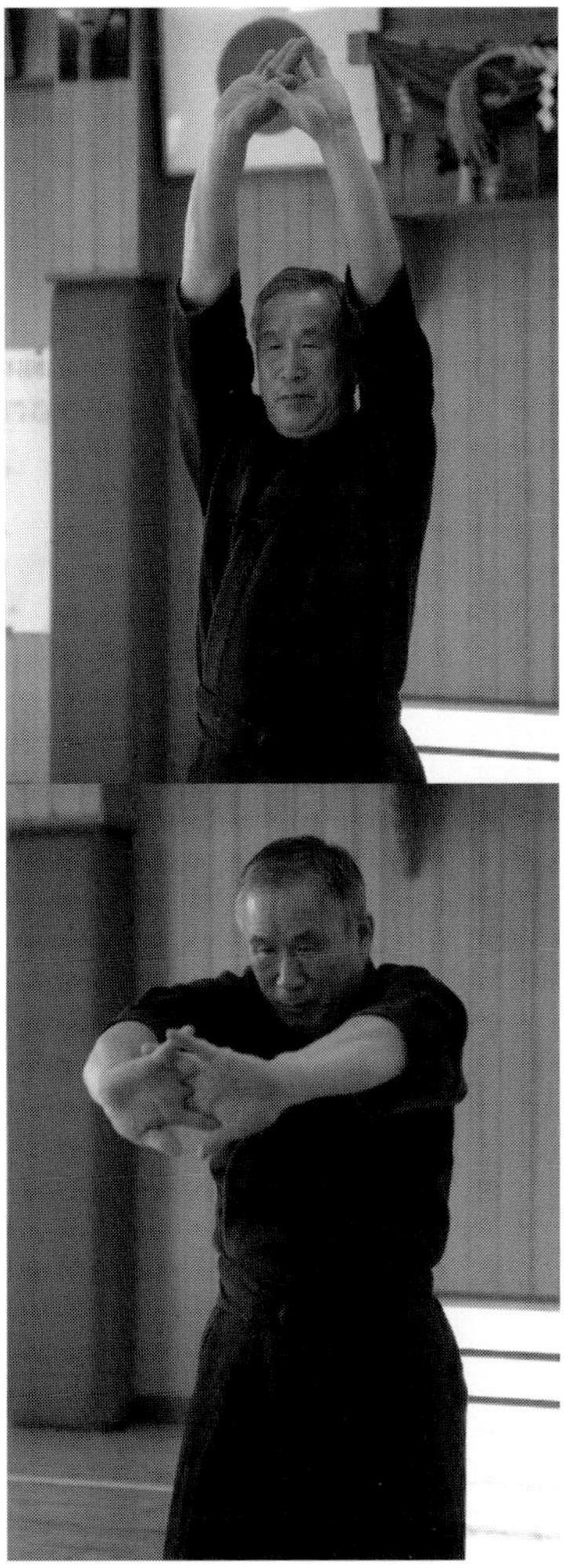

稽古を続けるには健康に充分留意すること。
松風館では稽古後、ストレッチを必ず励行している

私は今年七十歳になりますが、あくまで先の気をかけた剣道を続けたいと考えています。そのためにも健康には留意しているところです。

道場は導いてくれる指導者がいます。高め合える仲間がいます。自分自身の上達のため、稽古を継続させましょう。その手助けをしてくれるのが道場です。

第二章

松風館奥伝

礼法

剣道は、相手に打たれたときの礼儀、相手を打ったときの礼儀がある

恩師瀧口正義範士の教え

剣道は打ったことを必要以上に誇示するべきではない

紀元二六〇〇年（昭和十五年）に堀正平先生が『剣道禮儀考』という書籍を発行しています。堀正平先生は、一八八八年（明治二十一年）、大分県に生まれ、十七歳のときに剣術家をめざして京都の大日本武徳会本部剣術部の講習生となり、一九〇六年（明治三十九）に大日本武徳会武術教員養成所に入所しました。同窓にはのちに範士十段となる持田盛二先生、斎村五郎先生、中野宗助先生がいたそうです。卒業後は、宮崎県立延岡中学校、第四高等学校、金沢医学専門学校、海軍兵学校などで剣道指導にあたられた先生です。戦後、全日本剣道連盟から九段が授与され、一九六三年（昭和三十八）に七十五歳で亡くなられました。

紀元二千六百年は、神武天皇即位から二六〇〇年にあたるとされたことから、日本政府は一九三五年（昭和十年）に「紀元二千六百年祝典準備委員会」を発足させ、橿原神宮や陵墓の整備などの記念行事を計画・推進したそうです。その記念行事の一つに紀元二千六百奉祝天覧武道大会があり、皇居内の済寧館で開催されました。著者の堀先生もこの大会に出場され、植田平太郎先生に敗れています。植田先生は先般亡くなられた範士九段植田一先生の御父上です。

『剣道禮儀考』は戦時中に発刊されたものですが、「禮の始まり」「稽古を願ふ禮」「上坐と下坐」「教へを受くるの禮」「元立ちをあけてはならぬ」など礼儀に関する大切なことが具体的に記されており、現代社会においても通じるものがあると思い、参考にしています。

剣道は「礼に始まり礼に終わる」という教えがあるのは周知の通りですが、私もそれを大切にしながら稽古・試合等に臨んでいますが、礼儀に関して恩師瀧口正義先生から諭されたことがあります。瀧口先生は国士舘専門学校のご出身で、私が成田高校で初めて剣道を教えてくださった先生です。いまから二十年ほどまえの京都大会でのことです。

京都大会は武徳祭ともいわれ、真剣勝負のなかにも和気藹々とした雰囲気があります。その立合で自分にとって会心の一本といえる面が打てたことがありました。手ごたえのある一本でした。私は面を打って抜けて、振り返ったとき「面だ！」ともう一声かけていました。いわゆる見えを切るという行為です。それを見ていた瀧口先生が京都大会から戻ったのちの稽古で、私に言いました。

「岩立、たしかに京都大会ですばらしい面を打った。観衆も声をあげた見事な一本だった。だけど打ったあと『面だ！』と催促した。これは剣道ではいいことではない。そのことをしっかりと覚えておくように」

当時、私は八段をいただいていたこともあり、その立場を尊重し、道場の片隅でだれにも気づかれないように諭してくださいました。

先生から指摘されたとき、どっと冷や汗が出ました。自分ではまったく意識がありませんでした。いわゆる得意な気持ちになっていたのでしょう。先生にご指摘をいただいてからはとくに気をつけるようにしているのですが、人間は不思議と得意な気持ちがあるとアピールしたくなるし、試合などでは技が足りなくてもそれを補充するような気持ちでアピールしたくなるものです。礼儀とは「心の潤滑油」であり、相手に失礼がないようにすることです。そう考えると、よくよく注意しなければならないと自戒をこめて、まずは申し上げます。

打ったときの礼儀、打たれたときの礼儀

問題は打たれたときに冷静でいられるか

剣道は互いに対峙し、攻防の中から隙を求めて打ち合うものです。有効打突の奪い合いですが、昨今、気になるのは打たれたときの態度です。

打たれたとき、あきらかに打突部位を打たれているのに打たれてないとばかりに身体のあちこちを叩いてアピールをする人が多くなりました。非常に気になります。

「打って反省、打たれて感謝」という言葉があるように「相手を打ったときの礼儀、相手から打たれたときの礼儀」というものがあると思います。それを大事にするのが剣道ではないでしょうか。

本来、剣道は互いに精魂を尽くし、本気になって戦ってこそ、相手を思いやる気持ち、敬う気持ちが生じるものです。いい加減

剣道には相手を打ったときの礼儀、打たれたときの礼儀がある。相手から打たれたとき、素直な気持ちで「参りました」と言えることが大切

な気持ちで稽古をしても心を通わせることはできません。

全日本剣道連盟の合同稽古等では一度にたくさんの人と剣を交える機会があります。こちらは気を合わせて稽古をしたいと思っていても、なかなかそれが適わないときがあります。私の指導力不足にほかならないのですが、なかには「まだまだ」という顔でいつまでも稽古を続けようとする方もいます。稽古は元立ちであれ、掛り手であれ、「もう一度お願いしたい」と思うような内容をめざす必要があると思います。自戒を込めて、打たれたときに素直な気持ちで「参りました」と言える人でありたいものです。

堀先生の『剣道禮儀考』にも「稽古の願方と止め方の禮」の項目に、掛り手は「勝負にこだわらずにどんどんと懸り稽古をするのが禮であり、又正しい稽古法でもある」と書いてありましたが、私も同感です。

私が剣道二段で千葉県警察の特練員になったとき、出稽古で警視庁の先生方にたいへんお世話になっていました。高野佐三郎先生の修道学院で戦前修行をされた鶴海岩夫先生（範士九段）が師範の時代です。鶴海先生は、とにかく威圧感がありました。先生に稽古をお願いするとあっという間に息が上がってしまい、すぐに掛かり稽古になってしまいました。剣道指導室の谷崎安司先生、伊藤雅二先生、森島健男先生、阿部三郎先生らに稽古をお願いしたのですが、先生方はみなさん特徴を持っておられ、厳しさ、優しさ、いろいろなものを感じながら、私は修行をすることができました。私の大きな財産であり、自然と礼を込めて必死に稽古をお願いしようという気持ちになりました。

相手をあしらう稽古は非礼

気を合わせて誠心誠意稽古を願うこと

稽古をいただくとき、私はその先生の弱点とするところへはいきません。強いところへ正面からぶつかっていきます。絶対に面を打たせない先生であれば、先を懸けてとにかく面を打つようにしています。胴に変化したり、小手を打つのではなく、とにかく面をいただくという気持ちでぶつかっていきます。小細工した面打ちではなく、正しい面、それに徹して稽古をいただくのです。

昨今は元立ちをつとめる機会が多くなりましたが、どんな相手でも、相手のレベルに応じた稽古をするようにしています。それが稽古の礼儀だと思います。相手のレベルを見極めず、足払いをかけたり、迎え突きをする方もいますが、相手の技量を見誤ると怪我につながりますので注意が必要です。

私も時々、足払いを使うことがあります。とくに学生と稽古をするときは鍔ぜり合いが休憩時間ではないことを教えるために使うことがあります。こうすることで学生は緊張感をもってかかるようになります。

また迎え突きも必要ではありますが、なるべく出ばなを打つ、胴に抜く、すり上げ技を遣うなどの教え方もあります。剣道は懸待一致が大切ですので、身をもってそのような技を遣って引き立てることが元立ちの掛り手に対する礼儀だと思います。

剣道特練員時代、皇宮警察にもよく行きました。当時の師範は佐藤貞雄先生（範士九段）です。佐藤先生は大きく振りかぶって足を充分に使って打つことを推奨され、二十歳そこそこだった私には打ち込み稽古で、面を何回も打たせてくださいました。

打ち込み稽古は、元立ちの示した隙を素直に打ち込んでいく稽古法です。いま考えると私の技量を考え、引き立ててくださったのだと思います。

当時、皇宮警察には九段高校の湯野正憲先生（範士八段）も稽古に来ていらっしゃいました。湯野先生は東京高等師範学校のご出身で戦後は全国高等学校体育連盟剣道専門部の委員長を務められ、ながく高校剣道を牽引されてきた先生です。先生の構えは、山のようにそびえ立ち、私は怖くてなにもできませんでした。恐怖で技を出すことができないのです。そんな私に先生はいきなり胴の切り返しを命じました。なぜ胴の切り返しだったのかはいまでもわかりませんが、湯野先生が技量の未熟な私を引き立てるために一所懸命に稽古をつけてくださったのだと思います。

いま考えると、剣道が禁止されていた時代を経験されている戦前から修行をされていらっしゃった先生方は、戦後に剣道を始めた私たちに一所懸命剣道を伝えていらっしゃったのかもしれません。元立ちの先生方が必死で一所懸命であれば、教わる私たちも真剣に取り組むしかありません。

段位と礼儀

人を段位で評価しようとすると大変な間違いが起きる

剣道界には称号・段位制度があります。剣道人にとって称号・段位は目標の一つであることは間違いないでしょう。何歳になっても挑戦する目標があれば人間は成長し続けることができます。とくに剣道は身体の自由がきかなくなる五十歳代、六十歳代になっても正しい稽古を積み重ねれば昇段するチャンスがあります。六十歳代、七十歳代の方々が六段、七段、そして最高段位である八段にも合格しています。

ただ、ここで気をつけなければならないのは段位と人間性は比例しないということです。低段者でも社会的地位がある方、人間性が素晴らしい方はたくさんいらっしゃいます。そのことを忘れ、段位のみで人間を評価したら大変な間違いを犯してしまうことになります。

段位と人間性については晩年、ご指導をいただいた岡憲次郎先生（範士八段）が厳しく戒めていらっしゃいました。岡先生は国際武道大学の学長をつとめたこともある教育者です。剣道では称号・段位はもちろん大事ですが、それが上になればなるほど頭を低くしなければならないと考えています。それが剣道を長く続けていく上でとても大切なことではないでしょうか。

私はながく警察の世界に身をおいていましたが、警察には階級制度があります。後輩でも階級が上になることは珍しくありません。私は警察でも剣道指導者として、そのような方の指導にもあたりましたが、階級が上の方でも、道場の中では、剣道の指導者として私たちを大事にしてくださいます。幹部となる方は礼儀を知っているのです。

昨年九月、剣道仲間の縁で経済同友会の会合の昼食会に招かれました。昼食会の席上で「剣道の話をしてほしい」という依頼を受けたのです。集まっている方々は一部上場の名だたる企業の会長、社長など社会的地位がある人ばかりです。

私が稽古をしている姿と、イタリアの世界大会での日本剣道形の演武を映像で見ていただいたのちに話をさせていただきました。剣道雑感と題しましたが、主題は「目線について」です。

剣道は目線を一定にして相手と対峙することが大切です。下から上をのぞき見るような目線では相手を正確に観察することができません。相手の頭頂部の後ろを見るようなつもりで目線を一定にしておくことで、良い姿勢になり、相手を観察することができます。剣道は「観見の目付」を大事にしています。現象面のみならず、心がどう変化しているのかを感じ取ることが重要です。

そのような話を、何万人規模のたくさんの社員を抱える重役の皆様に僭越ではありますが、させていただきました。忙しい方々

昇段審査は剣道人にとって大きな目標になるが、段位と人間性は比例しない

の集まりですから、普段は中座される方もいるようですが、私のときは一人も中座をされることなく最後まで聞いてくださったのが幸いでした。

剣道は一対一で相手と対峙します。よって相手の気をそらしてはいけないと思います。相手と一体となり、攻防のやりとりができれば素晴らしい内容になると考えています。そんな気持ちで、話をさせていただきましたが、実際の稽古で一体となれることはなかなかありません。だから剣道修行に終点はなく、求め続けていくのでしょう。

一体となるという話でもう一つ、加えておきたいことがあります。四月二十一日、第十一回全日本選抜八段優勝大会が開催され、警察大学校教授の石田利也選手が初出場初優勝を果たしました。石田選手は全日本選手権大会優勝二回、世界選手権大会では団体戦で四回優勝を果たした、日本を代表する選手です。

この大会で、私は審判長をつとめさせていただきました。大会前日の審判会議の折、「審判団は一所懸命に審判をする。審判と試合者が一体となった大会になるように一所懸命に審判を行なってほしい」という旨を申し上げました。私は審判長として一日、背もたれは使わず、背筋を伸ばして座っていることが審判員の先生方と選手に対する礼儀であると考え、つとめてそのように座ることを心がけていました。

この大会で驚いたのは観戦者のマナーです。試合内容もさることながら、観戦者のマナーが整然としていて、本当に素晴らしいと感じました。一回戦から決勝戦までの三十一試合、私語がほとんどありません。八段の先生方の試合を見て学ぼうという人たちの姿勢はさすがでした。

この整然とした観戦者の態度が試合を引き締めたと思いました。試合者・審判・観戦者が一体となり、大会は盛況理のうちに終わったのです。

姿勢

着装も大いに重要 後ろ姿を評価される剣道を心がけよ

心は形を求め、形は心を深める

着装に細心の注意を払うことで自己の剣道が高まる

姿勢は剣道の重点項目の一つといっていいでしょう。姿勢は文字通り姿に勢いと書きますが、姿勢がいい人は立合でも見栄えがします。勢いがあるから姿（見た目）に見栄えがするのだと思いますが、私は逆説的にまずは見た目に十分気を配ることが大切ではないかと思います。「心は形を求め、形は心を深める」という教えもあります。

私の道場（松風館）に三十年近く通っている門弟の方がいるのですが、先日の七段審査で見事、合格しました。剣道が好きでただ黙々と稽古を続けてこられた方です。そのような方ですので、七段に合格するまでは、稽古においてさほど稽古着・袴・剣道具に気を配らず、表現は悪いかもしれませんが、とても見栄えがしませんでした。

ただ、松風館では七段になると上席に坐ることが慣例になっているので、せっかくの機会なので箴言しました。

「七段に合格したということは松風館では元立ちになる。七段は、七段としての評価を第三者からしてもらうことが大事。指導者としての役割もあるのです」

そのようなことを申し上げると次の稽古のときから新しい剣道具、新しい稽古着・袴をそろえて稽古に来てくれました。そうすると当然、見栄えも違ってきて、構えたときの姿はもちろん、稽古をするときの姿まで見違えるようになりました。打突も強くなり、攻めも重厚感を増してきたのです。

「人は見た目で判断してはいけない」という教えがあります。確

着装を意識すれば見栄えも違ってくる。自分の段位にふさわしい剣道、ふさわしい着装を意識すること

かに見た目で判断してはいけないと思いますが、それは「どんな服装をしてもよい」という教えではないと思います。自分の着装には大いに気をつけるべきであり、剣道はとくに「見た目」は大事になるので日頃から気を配るべきと考えています。

自分の段位にふさわしい剣道、ふさわしい着装はなにかということを意識することが大事だと思います。審査を受ける前だけではなく、日頃からそれを心がければ、行動も変ってくるはずです。

着装に関しては昇段審査においてはよく指摘されることですが、袴は前が上がり、後ろが下がっているものは間が抜けた印象を与えます。既製品は袴の前後が一緒のものが多いので、どうしても下がりがちです。現在、前後の長さが違う袴が市販されていますが、前下がり、後ろ上がりの美しいシルエットになるように着けたいものです。一方、剣道着は背中がふくらんでいるとたいへんだらしなく、姿勢が悪く見えます。襟首から袴の腰板まで一本の線になるようなイメージでしっかりと身に付けておきたいものです。

稽古着・袴ともに美しく身につけるには、まず自分の身体に合ったものを選ぶことが大切です。高段者になれば着装は身についていると思いがちですが、人に見てもらい、アドバイスをもらったほうがよいでしょう。六段、七段ともなれば日頃は指導的な立場となり、なかなか注意を受ける機会はありません。自分から積極的に問いかける姿勢を持ちたいものです。

竹刀は剣道人の魂である

こだわりをもって選ぶことが上達につながる

私は竹刀をよく観察するようにしています。教え子もそうですが、先生方がどのような竹刀を使っているのかを注意して観察してきました。

松風館には高段位を求めて稽古に来られる方がありがたいことにたくさんおられます。その方がこられるたびに、竹刀を見させていただいています。そこで感じるのは、竹刀に対する愛着が薄れてはいないかということです。昔の先生方は竹刀を見ただけで、どのような剣道を求めているのかがわかりました。私もそのような教えを受けて来たので、竹刀にはとくにこだわって稽古をするようにしています。

これはなにも高級な竹刀を購入せよということではありません。手の大きい人が柄の細身の竹刀を遣う、手の小さい人が太めの竹刀を遣うのはおかしいのではないかということです。まずは自分の身体に合った竹刀をえらぶことが大切です。

私がお世話になった、ある身体の小さい先生は常時、三尺七寸の竹刀を使っていました。大人は三尺九寸の竹刀を使うのが一般的ですが、ご自身で工夫・研究した結果、いまの自分の剣道に合っているのは三尺九寸の竹刀ではなく、三尺七寸の竹刀であると

竹刀は剣道人の魂。自分の身体に合った竹刀をえらぶこと

いう結論になったのだと思います。京都大会の立合でも三尺七寸の竹刀を使っていらっしゃいました。

　私も小さなこだわりですが、竹刀の柄頭の部分は水平にするようにしています。そうすることで自分ではとても使いやすく、理想の打ちが出しやすくなるのです。自分に合った竹刀を使わないと円滑な竹刀操作はできません。それくらいの気持ちで竹刀をえらぶことが重要だと考えています。

　竹刀に関してですが、竹刀を握るときはきっちりと握ることです。左手は小指半がけで、小指・薬指が柄から離れないように握ります。右手は鍔元を左手と同じ要領で添えるように握ります。「左手はしっかり握りなさい」と教えていますが、「しっかり」と意識させると力が入りすぎてしまうようなので、私は「きっちり」と表現しています。「きっちり」とは、構えた状態で、だれかに竹刀を剣先を引っ張ってもらったら、抜けてしまうくらいの強度と考えています。

姿勢と左足

ひかがみは絶妙な緩さで伸ばしておくこと

　剣道は「一眼二足三胆四力」と言われているように眼と足を重視しています。私は姿勢を正しくするということに関してもっとも重要になるのは左足だと思っています。

　過日、七段を取得されている先生が再度、うちで基本稽古から学び直したいと願い、道場に来てくださいました。六十歳を超えてなお向上心をもって剣道に取り組まれていることに頭が下がるばかりですが、気になったのが左足でした。松風館では金曜日は一時間、基本稽古のみ行なっていますが、左足が撞木足になっているので、どうしても打突時、勢いがなく、左足が残ってしまうのでした。今後、剣道を向上させていくには左足を直さなければならず、そのことを申し上げました。私もふくめ、加齢とともにどうしても左足が外に向いてしまいがちです。しかし、構えたときに左足が外側に向いていると円滑な打突ができないことは周知のとおりです。構えた時点で左腰を入れ、左足のつま先は極力相手と正対させます。

　また踵の高さにも気を配りたいものです。左足の踵はどんなに高くても二センチ程度にします。それ以上高くなると姿勢が崩れ、打突時に身体が曲がってしまうおそれがあります。踵の高さを二センチ程度に留めておけば、足と床との接地面に力が伝わり、無理なく足を蹴り出して身体を前に運ぶことになります。

　また右足に関しても、踵はつけず、紙一枚分程度浮かせておきます。そうすることによって足を自在に動かせるようになり、打突の瞬間も抵抗なく、右足を出すことができます。

　ひかがみについては、「伸ばせ」と教える方法もありますが、「伸ばせ」というと張り過ぎてしまいますので、私は「絶妙な緩さで伸ばす」と教えています。ひかがみと踵は連動しており、ひかがみが曲がると踵が高くなり、足が開いて相手に向かってまっすぐ跳ぶことができません。

とくに高段者をめざすには一瞬の打突機会によどみなく技が出せることが重要となります。私は面を打つときは、右方向に抜けず、自分の踏み込んだ足を、相手の両足の間に入れるようなイメージを持つようにすることと教えていますが、そのような打ち方をするためにも、ひかがみはほどよく緩めて伸ばしておかなければなりません。

後ろ姿を美しく

姿勢をよくするには日頃の姿勢も重要である

上半身に関して、姿勢という意味でとくに気をつけておかなければならないのは胸と襟です。この二箇所は姿勢と直結していますので、かならず意識したいものです。

まず胸ですが、胸は広げておかなければなりません。胸を広げることで懐にゆとりが生まれます。背中の肩甲骨を寄せる意識を持つと胸が広がり、丸くなった姿勢から背筋がピンと張るようになります。前かがみで縮こまった姿勢では良い技は出ません。しっかりと余裕をもって胸を広げておきましょう。

襟は良い姿勢を維持するために一番意識しなければならない部分です。襟さえ意識しておけば姿勢は崩れにくくなります。稽古着と襟と自分の首をピタリとつけ、隙間ができないようにすると自然に姿勢がよくなります。

この襟を意識することは、蹲踞の場面でも同様です。あごを引き、首と襟をつけることで、気の充実した蹲踞を実践することができます。蹲踞は意外と気が抜けやすいところでもあるので、注意を払いたいものです。

構える際は、「遠山の目付」という教えがあるように、上から見下ろすように相手を見ることが大切です。下から見上げるよう

立派な後ろ姿をつくるには日頃の稽古だけでなく、日常生活から意識することも大切

な目線ですと、背中が丸まり、姿勢が崩れやすくなります。首と襟に隙間があると目線が下がった構えになります。このような構えは面金の天がかならず前へ落ちており、目線が物見から外れています。目線が下がると間合が近くなり、「我に近く、相手に遠い」という間合取りはできませんので、注意が必要です。

このように上から見下ろすように構えることができれば、後ろ姿も立派になると思います。八段をいただいて間もない頃、全日本剣道連盟の合同稽古に出かけ、範士の先生に稽古をお願いしようと思い、ある先生の列に並んだことがありました。そのとき、私の前で稽古を待っていた先生の後ろ姿がとても立派で、実際、稽古をお願いしている姿もよどみない構えで、たいへん立派でした。あまりにも姿勢が素晴らしかったので、思わず声をかけてしまったくらいです。その先生はその後、見事、八段に合格されました。

このような立派な後ろ姿をつくるには日頃の稽古、日常生活から意識することも大切だと思います。椅子に座ったときも背もたれを使わずに背中を伸ばす、電車に乗ったときは椅子に座らずに背中を伸ばすなど、小さな努力が必要かもしれません。私も、そのような努力をしてきたつもりですが、まだまだ至らぬところばかりです。

剣先
剣先の強さは地力の強さ
左半身を安定させ、竹刀の身幅で勝負する

地の強さを養うのが剣道

剣先の威力は地の強さと直結している

剣道は「剣先の語り合いが重要」と言われますが、剣先の効いた構えをつくることができなければ語り合いはできません。ただ、剣道は「剣先の語り合いが重要」といいながら、なかなか語り合うことができないのも事実です。私は一時間少々元立ちをすると平均二十人と稽古をしますが、剣先で会話ができたと感じる稽古はごくわずかです。指導者として技量のなさを恥じ入るばかりですが、そのくらい難しいものと心得ています。

皆さんも経験があると思いますが、対峙しただけでものすごい圧力を感じる構えを執る人がいます。このような剣先に威力がある人はまず稽古をしている人です。「試合は弱くても稽古は強い」という表現がありますが、剣先の威力は地力の強さの表れと考えられます。このような方と稽古をするとそのプレッシャーから構えているだけで手足が緊張し、筋肉が硬直してしまうものです。

昔は、技を出さなくても剣先が強く、稽古をお願いするときに覚悟を決めなければならない先生がいました。構え合っただけで冷や汗がにじみ出てくるような先生です。私をふくめそのような剣道をされる先生が少なくなりましたが、地の強さを養うことが剣道のよさではないかと考えています。では、どうしたらよいのか。前回のくり返しになりますが、まずはしっかりと打てる構えをつくることです。

構えるとき、左手で重要になるのは小指、薬指、中指にいたる力の配分です。右手も同じような塩梅で握りますが、とくに左手

が重要なのは周知の通りです。左手の小指、薬指がゆるむことによって、剣先の強さは失われます。左手の握りがゆるんでいると、構えが崩れ、剣先が相手の喉元から外れ、相手に向かって右斜め上に開きがちになります。

相手の攻めが効いているとどうしても「打たなければ」という気持ちが働き、構えた状態を維持しにくくなります。「左手が動いたときは負けと思え」と教えるのはそのためで、刃部を見せながら技を出しても、相手に攻めが効かず、打突は有効になりにくいでしょう。そのような技の出し方は右手主導であり、右腕を一度曲げ、担ぐようなかたちになります。当然、剣先の語り合いはなく、タイミングが違った打ちになります。

タイミングが違った打ち方は奇襲にはなりますが、奇襲技は「一度で絶対に決める」というものです。このような打ち方で打突部位をとらえても、試合では旗が上がるかもしれませんが、昇段審査ではよい評価を得ることができません。剣道は攻めて崩して打つという手順があります。そこを意識するには剣先の作用で相手を崩すことが大切です。ときに小兵剣士が大柄の剣士に大きく間合を詰め、その勢いをもって大技を遣うことがあります。かつての京都大会ではそのような技前で観客を魅力する立合がありました。このような遣い方は最初に中心を取って攻めていますので、左手の弛みとは違います。攻めが効いているから相手が思わず見てしまうのです。

二十年程前、七段をめざしている先生がうちの道場に来ました。何度も七段を受けているのですが、なかなか合格できず、悩んだ末の来場だったようです。先生の面打ちはすべてかつぎ面です。癖になってしまっていたので、まっすぐ振り上げ、まっすぐ振り下ろす打ち込みを何度もくり返すように伝えました。かつぎ技を多用すると竹刀の軌道はどんどん大きくなりますので、道場ではかつぎ技を封印し、打たれてもよいからまっすぐに打つことをめざしました。しかし、なかなか合格できなかったので、審査では自由に技を遣うことをアドバイスいたしました。結果、かつぎ面が決まり、七段に合格しましたが、正中線を意識した打ち込みをくり返していたため、軌道が小さくなっていたのだと思います。

構えているときは当然ですが、剣先は常に相手の身幅に収めておくことが原則です。八段審査に合格する人は剣先が決して相手から外れません。細かい剣先のやりとりから「ここだ」という機会に技が出ています。出す技は面に限らず、胴、小手もあります。剣先は相手の身幅から外さず、中心を取ることを意識します。常にそれを意識すると剣道の質が上がるはずです。

剣先が向かう位置

相手の特徴によって剣先が向かう位置は変ってくる

剣先でもう一つ気をつけなければならないのは位置です。相手に応じて剣先をつける位置は変えなければなりません。上段を執る相手には剣先を開き、相手の左拳につけますが、これは上段からの素早い片手技に対処するためです。同じ上段でもタイプによって左拳の着ける位置を微調整する必要がありますが、中段でも相手によって微調整する必要があると私は考えています。

そもそも構えはなぜ執らないといけないのでしょうか。率直に言えば相手を打つためです。相手を攻略するには相手に応じた構えを執り、備えることが重要です。しかしながら、立合等を見ていても、そこを意識して構えを執っている人が少ないのが現状です。体格では身体の小さい人、身体の大きい人、剣風では仕かけ技が得意な人、応じ技が得意な人など十人十色ですから、普段の稽古から自分がどのように構えると攻略しやすいかを工夫・研究してほしいと思います。

私が構え、とくに剣先のつける位置について意識したのは千葉県警の特練員時代です。ご指導いただいた糸賀憲一先生から剣先を交えたら相手の鍔元を攻めるような構えを執ることを教えていただきました。鍔元を攻めるには相手の特徴を見極め、どうしたら手元が崩れるのかを考えなければなりません。自然と、剣先をつける位置も考えるようになりました。

技を出すときは極力、打ち気を出さないことです。このことは最近、とくに感じるようになりました。左手をケガしたとき、自由に左手が動かせなくなり、ちょうどよい機会なのでどこまで左手を動かさないで稽古ができるか試してみました。左手の握りを意識し、剣先を相手の中心にもっていくようにすると、自由がきかないので打とうという気持ちが起こらず、相手の手元がよく見えました。

「ここで打ってくるだろう」「右手の親指、ひとさし指が動く」「右手の握りが動く」など打つことに意識がいっていないのでよく観察できるのです。相手の動きが見えるので、相手に応じて技が選択しやすくなりました。まさに「ケガの功名」であり、打ち気を起こさないことの重要性を再確認できました。

相手と対峙するときは常に目線を一定にし、「いつでも来い」という気持ちで臨むことです。目線が崩れると、姿勢が悪くなるだけでなく、構えが崩れます。目線が下がると、実際十センチ程度、相手との間合が近くなります。間合が近くなれば不利になることは言うまでもありませんが、目線が下がると剣先も開き気味になります。これでは相手を崩すことはできませんので、充分、注意したいものです。首と稽古着の襟をピタリと着け、正しい姿勢で相手と向き合いましょう。

剣先を意識した打ち込み

踏み込んだ右足を相手の両足の間に入れる気持ちで打つ

面が打てれば他の技も打てるといわれています。それほど正し

右斜めに体移動しながら打つと姿勢が崩れやすくなる

刃筋正しく、物打ちが打突部位の後ろまでいくイメージで打ち込む

姿勢を崩さずに打てる間合まで入って打つ

い面を打つのは難しいものです。私も面にこだわって稽古を続けていますが、なかなか納得のいく面を打つことができません。

実戦では一瞬の機会をとらえて打たなければなかなか一本にはなりません。よって打ち込みでも本番に則した方法を意識することが大切になります。松風館で指導していることは、打てる間合まで入り、まずは中心を取ることです。中心を取り、物打ちが打突部位の後ろまで届くくらい大きく打ちます。刃筋正しく打つために、肩・肘・手首をバランスよく使って打ちます。打ったあと、相手を避けるように右方向に抜けていく人がいますが、右方向に抜けると姿勢が崩れます。踏み込んだ足を相手の両足の間に入れるようなイメージで打ち、なるべく正対して打ち切ります。

このような打ち込みをくり返すことで、最短距離で打つことを覚えます。剣先は相手の身幅から外さず、小さく、鋭く、しっかり打つようにします。

稽古と剣先

剣先を緩めて相手を引き出すことも重要

警視庁剣道主席師範を務められた範士九段小川忠太郎先生には、私が剣道特練員になった頃から稽古をお願いする機会に恵まれました。先生にお願いするとすべて面の打ち込みです。構え合い、小川先生が「ウッ」と声をかけ剣先を外します。その作った隙に対して面を打ちこむのです。若手の剣士はほぼ同じような内容でした。

ただし、範士の先生が小川先生に稽古をお願いするとまったく違う内容でした。先生は対峙するとまったく剣先を外さず、技を出さないまま追い込んでいかれました。お願いした先生も技を出せずにジリジリと後退していかれました。結局、一本も打てないまま壁際に追い込まれ、その先生は「参りました」と言って切り返しをお願いし、稽古は終了しました。剣先の強さもさることながら、小川先生の位そのものの強さではないでしょうか。「これが剣道か」と感動しました。私も小川先生の技量に近づきたいと思い、稽古を続けていますが、まだまだ「打ちたい、打たれたくない」の境地を脱していません。

小川忠太郎範士九段

ただ、稽古に関しては、剣先を効かせ続ける相手、剣先をときには緩める相手がいることを常に意識しています。最初は中心を取ることに終始していますが、相手が出ようとしたときはなるべく出ばなに乗るような稽古を心がけています。打ってきたとき、迎え突きで応じることもありますが、それは剣先を踏み越えていく覚悟で打つことを覚えなければならない八段受審者クラスです。

範士十段持田盛二先生は相手が初段であったら二段の実力、二段だったら三段の実力で応じるのが元立ちとおっしゃったそうですが、まさにその通りだと思います。

稽古にかかる側はなるべく中心を外さず、打突の機会に躊躇なく打つことを覚えなければなりません。竹刀の軌道はなるべく小さくし、竹刀の身幅で中心を取り合うくらいの気持ちで対峙することが大切です。小さな動作で相手の心を動かす攻めを施すことは容易なことではありませんが、質の高い剣道をめざすためには必ず意識しなければならない重点項目だと考えています。

ためる

打突の機会を探すことがため積極的な攻めにつながるためが重要

下腹に力を入れて構える

臨機応変の構えがためをつくる

「あなたの技にはためがない」「ためがない技は一本になりにくい」「仕事も剣道もためが必要だ」など、剣道では「ため」を重視しているのは周知の通りです。「ため」は難解な言葉で、なかなか一言で表現できるものではありませんが、『剣道和英辞典』には「相手の攻めに対応する場合、あるいは技を出す場合、緊張の中にもゆとりを持たせ、心身を充実させた状態」とあります。この状態をつくることができれば、相手をよく観察することができます。とくに六段、七段、さらに八段と高段位をめざすのであれば、相手を攻めて崩して打つという手順を踏んだ技を発しなければ評価されません。そのような技を出すには、相手の意図を読み取らなければなりません。

「ため」というと、技を一本も発せずに、ただ我慢をすることと錯覚しがちですが、剣道は竹刀を介して相手にできた隙を打ち合うものです。したがって我慢をすることは大事ですが、打突につながる「ため」でなければなりません。

しかしながら「ため」と「居つき」は紙一重です。一瞬の攻防に攻め勝って相手の心が動いた瞬間をとらえることができれば「ためて打った一本」となりますが、一瞬遅れて打たれれば「居ついて打たれた一本」となってしまいます。私も稽古や試合で何本もそのような技を打たれてきました。

では、ためのある一本を打つにはどうしたらよいのかという話しですが、まずは下腹に力を入れて構え、いつでも打てる、いつでも対応できるという構えをつくることが大切です。気力の充実した構えが相手に圧力を与えることは周知の通りですが、充実し

「ため」と「居つき」は紙一重。打突につながる「ため」が必要

た気攻めがためとなり、ためが打突の機会をつくっていくのです。

剣道の稽古では、常に先を取ることが大切であるという昔からの教えがあります。先を取るということは、攻めが相手に効いているということであり、この攻めとは相手に打つべき機会を起こさせるため、こちらから引き出す働きでもあります。この引き出す働きが「ため」と考えられます。

自分では攻めているつもりが、実際にはまったく効いておらず、打突を出した瞬間、出ばなを打たれることがあります。外見的には攻めているように見えても、内面的には相手の心構え、身構えが万全だった状態です。こちらは無理をして強引に打っているので、たとえ打突部位をとらえても、打ち切れず、当てているだけの状態です。攻めは外見ではなく、中身の気迫が問題になります。その気迫の充実の度合いが「ため」につながっていくと考えられます。

自分勝手に打たない

無駄打ちが少なくなると風格が出る

一昨年、八段審査に合格したある先生は二次審査の二回の立合で発した技は胴一本、面一本とわずか二本でした。松風館に通われている先生でしたので、立合の感想を尋ねるととにかく我慢をしたそうです。

確かにその先生は、松風館で稽古をしているとき、返し胴を打たれることがありました。もちろん打った先生の技術が巧みだったからですが、八段審査を受けるにあたり、我慢をすることを意識して稽古を続けたそうです。

昇段審査は、自分のいまの実力を審査員の先生方に見ていただくことが主題ですので、だれもが先をかけた面を打ちたいと思うものです。しかし、この打ちたい気持ちが強すぎると、打ち気にはやり、ためのない技のくり返しになってしまいます。

剣道では無駄打ちを極力なくすことが重要です。その無駄打ちをなくすには、まず自分勝手に技を出さないことです。それが、ための修得につながっていくことになりますが、錬度の違いで学ぶべき課題は変ってきます。

四段・五段クラスであれば、先をかけて仕かけて打つことを主眼とし、その中、相手とのやりとりを意識することが大切です。さらに六段以上をめざすのであれば、攻め合いの中で気持ちを張った状態を持続し、相手の動きを観察しながら、打突の機会を見出すことが必要になります。その際、気持ちが乱れると構えが崩れますので、なるべく構えを崩さず、相手の気持ちを動かすことを意識して、打突の機会を探ります。このような意識で相手と対峙できると、ためが生まれます。ためのある剣道には品位・風格が生まれます。

ただし、品位・風格といったものは意識してできるものではあ

相手の気持ちを動かすことを意識して、打突の機会を探る。このような気持ちで相手と対峙するとためができる

りません。無の心境になって技を出せれば、最良とは思いますが、それも簡単にできるものではありません。まずは自分勝手に打つのではなく、相手とのやりとりを大切にしましょう。

私の明治村剣道大会

ためがない一本は有効打突になりにくい

「ため」は剣道の極意ともいえる項目ですが、中学生や小学生でも試合においてためのある見事な一本を打つことがあります。もちろん彼らはためを意識して技をだしているわけではなく、一所懸命に試合をした結果、会心の一本が生まれたのでしょう。剣道の技とは本来、無意識のもとに発せられるものであることを実感しました。そこには「打ってやろう、一本を取ってやろう」という我欲はまったくありません。

我欲ということで痛切に覚えている試合が私にはあります。八段をいただいてから、私は明治村剣道大会に何度か出場をさせていただきましたが、ある先生と試合をお願いしたとき、自分では手ごたえのある打ちがまったく評価していただけないことがありました。五分間、機会と感じたところで技を出すものの、まったく評価をいただけません。そうこうしているうちに五分が過ぎたのですが、終了の笛がなったとき、「私は技を出すことを目的に

明治村剣道大会

打っていたのではないか」と思いました。つまり無駄打ちをくり返していたのです。そこで延長戦は打ちたい気持ちをおさえ、機会を見極めることに徹しました。その結果、この試合は勝つことができました。ための重要性を再認識した一戦でした。

ためをつくることができれば、相手を観察することができ、機会に応じて技を円滑に出せるようになります。しかし、言葉で表現することは簡単ですが、実行することは本当に難しいものです。私が昨今、試合をする舞台は京都大会のみとなりました。一年の成果を披露する舞台ですが、なかなかうまくいきません。立合をビデオに収め、自分の姿を確認しているのですが、ためがなく、打ち気にはやった立合はまったく拍手もなく、評価していただけません。

とくに京都大会の範士の部は模範演武です。「これが剣道の立合である」といった高度な内容が常に求められていると思います。そのような期待に応えるような内容を毎年、行ないたいと思い、修行に取り組んでいますが、反省することばかりです。しかしながら、ためることができれば、無駄打ち、無駄な動きがなくなり、感動のある剣道ができることは間違いありません。気で制し、勝って打つ剣道にも近づくことにもなりますので、工夫・研究を続けているところです。

相手と一つになって稽古をする
気を合わせた稽古がための修得につながる

ためのある剣道を実践することは容易なことではありません。しかし、日々の心がけ次第で、その理想に近づくことはできると考えられます。まずは上手の先生方に一所懸命に稽古をお願いすることです。このとき簡単に技を出すのではなく、中心を取ることを意識して、我慢に我慢を重ねて技を出すようにします。相手と一つになるような稽古を心がけるのです。中心の取り合いが気の錬り合いになりますので、結果としてためにつながっていくことになります。

先人の訓えに「露の位」という訓えがあります。露の位とは、草葉の露はわずかな物に触れるとたちまち地に落ちます。いわゆるためたものを瞬時に爆発させる。打ち切ることです。このような打ち切った一本を出すには、ためることは必要不可欠です。

稽古は、上位に懸かる稽古、同格との稽古、下位の者との稽古、概ね三つのレベルがあると思います。審査や試合直前は同格との稽古、下位の者との稽古が必要ですが、社会人剣士は稽古時間が限られていると思いますので、普段はつとめて上位に懸かる稽古を心がけることをすすめます。

上位に懸かる稽古は苦しく、辛いものですが、このような腹に響く稽古が地力をつけていくのです。元立ちは師の位であり、掛かるほうは弟子の位、学ぶ位です。

私は稽古をいただくとき、その先生の弱点とするところへはいきません。懸かる場合は真っ向勝負、ひたすら強いところへぶつかっていきます。その先生の欠点、弱点を打ち込むことはゆるされることではないし、そこを打って喜んでいるようでは、上達は望めないと考えていました。先生の打たせないところをあえて真正面からいくのです。万が一にもあたるかもしれません。そんなとき、先生は心の底から「参った」と言ってくださるはずです。そのような稽古を求めていくことが大切ではないでしょうか。

相手と一つになって稽古をする

左足
左踵が床につくと打てない
左踵はほどよく浮かせて構えをつくる

左足が整っていれば
構えは上虚下実、自然に収まってくる

剣道は左手・左腰・左足が重要と言われているのは周知の通りで、とくに左足が剣道の要になることは稽古会、講習会等で必ずお話をさせていただいています。

「左足の踵をむやみに床につけない」「左足のひかがみはほどよく伸ばす」「左足の引きつけを素早くする」など左足に対する教えは多々あることからも、左足の重要性が理解できるでしょう。

しかし、左足の重要性を理解できても、その重要性にのっとった運用ができないのが剣道の難しいところです。私は稽古を見るとき、左足に注目するようにしていますが、最初は正しい構えが執れていても、時間が経つとともに疲労が蓄積し、左足の踵が床に着いてしまうことが少なくありません。踵に床をつけると、楽に立つことができますが、立つことはできても、打つことはできません。

また、左足が開いてしまうと、いわゆる撞木足になり、この足では円滑な打ちを出すことができません。

基本となる中段の構えでは、左足は右足のおよそ一足長後ろに位置し、左右足の間隔はおよそ一握り程度あるいは両足の外側がおよそ肩幅程度に位置するようにと教えています。

しかし、剣道の構えは静止状態で考えるものではなく、対人動作の備えとして随時変化に対応できるようにしなければなりません。「臨機応変の構えをつくれ」と教えているのはそのためです。よって左右足の位置どりについては、前後一足長、左右拳一握りを基本としながら体格、体力、錬度によって多少変わってくるも

のです。ただし、極端に左右の足幅が広ければ、円滑に技を出すことができず、前後に広すぎれば、素早い動きはできるかもしれませんが、足腰への負担は大きく、構えも見栄えがしません。

私は構える際、左足を床からやや離し、ひかがみをほどよくゆるめた状態を作り、いつでも打てる状態をつくることを心がけています。左足のひかがみを中心にふくらはぎ、太ももを適度に緊張させることができると、機会に応じて瞬間的に技を出すことが可能となります。

左踵が床に着いていたり、右足のみに体重がかかって左踵が極端に浮いた状態になると、円滑に技が出せなくなります。このような状態では、威圧ある構えをつくることができません。

威圧ある構えは、安定した左足を通じて剣先に伝わっていくものです。しかも、静的な状態ではなく、動的な状態でそれができて初めて威圧ある構えになります。私も含め、なかなか理想の構えをつくることは難しいですが、日頃の稽古から左足を意識し、どうしたら相手に圧力をかけることができるのかを工夫・研究してください。

左足の踵を少し浮かせて打てる構えをつくる

左足の踵が床につくと打てない

左足のつま先を相手に向ける

両膝の内側に力を入れるとまっすぐに打てる

剣道はまっすぐに振り上げ、まっすぐに振り下ろすことが大切です。しかし、上半身に力が入り過ぎると担いで打ったり、横から刃筋の立っていない打ちを出したりしてしまうものです。このような打ち方では打突部位をとらえたとしても、評価は低く、稽古でもしそのような打ち方で相手をとらえたとしても反省材料とするべきです。

私はまっすぐに振り上げ、まっすぐに振り下ろすための要領の一つとして両膝の内側に力を入れることをすすめています。「膝でボールを挟むような気持ちで構えなさい」といった教え方もありますが、両膝の内側に力を入れることで、足裏で床をしっかり踏むことが可能となります。しっかり床を踏めているということは「上虚下実」の状態です。打突も無理なく円滑に出せるようになるはずです。

「右膝で相手を攻めよ」という教えがありますが、相手を攻めるときには、右足だけではなく、左足がともなうことによって初めて相手に圧迫感を与え、それが相手を崩すことにつながり、打突の機会が生まれます。両膝の内側に力が入ると、左足も相手と正対し、腰が入ります。

このような状態で技を出すことができれば理合にのっとった見事な一本となります。とくに六段、七段をめざすのであれば、ただ当てただけではなく、打ち切った一本が求められます。冴えのある一本です。右手を中心とした打突からは、そのような冴えは生まれません。打突する力も弱くなりますし、動作も大きくなりますので注意が必要です。

間合を詰める際は身体をなるべく上下動させないことです。上下動が大きくなると、その分、相手に隙を与えることになります。上下動が大きいと左足の引きつけが遅くなり、引きつけが遅くなった分、打突動作に移るのも遅くなります。送り足は剣道の基本ですが、相手と対峙するとどうしても「打たれたくない。打ちたい」という気持ちになり、動作がぎこちなくなります。送り足は一人稽古で上達しますので、普段から意識的に行なうようにしたいものです。

遠くに跳ぶ意識を捨てよ

左足から踏み切って姿勢を崩さずに打つ

打突は、重心が移動しはじめて右足が前に出て、右足が前に出て、同時に左手が動きはじめて行なわれますが、ここで大切なことは右足と左手は、左腰の始動とこれを支えている左足が軸足に

踏み込み足は送り足の応用である。技を出すときは遠くに跳ぼうとしない

なって行なわれているということです。

実戦では相手とのやりとりのなかで攻めて崩し、隙に応じて技を出していくことになります。攻めて崩すことが大切なのは当然ですが、相手を崩す前に自分が崩れないことが大切です。とくに間合が詰まり、一足一刀の間合に入ると「打つか打たれるか」の状態になります。そのような状態になるとどうしも身体が硬くなり、無理な状態で打とうとしてしまいます。

とくに面を打つとき、身体を前傾させ、遠くに跳ぶような気持ちで面を打ってしまいがちです。しかし、このような打ち方が一本になることはまずありませんし、遠い間合からの打ちは相手に圧力がかかっていませんので、応じ技を打たれやすくなります。

相手を打突する踏み込み足は、送り足の応用です。前進するときは右足を踏み出し、左足を素早く引きつけますが、打突の際は、より大きく、より勢いよく、かつ鋭く足をさばく必要があるので、このような遣い方になります。右足で踏み込みますので、現象面では右足が先に動きますが、右足を動かしているエネルギーの源は堅固な左足です。左足を軸足として、鋭く踏み切るので、右足で大きく踏み込むことができるのです。右足を踏み込んで打突をしたら、左足を素早く右足の後ろへ送り込むようにして引きつけ、体勢を整え、余勢に乗って送り足をすすめます。

稽古において昨今、打突に失敗したとき、左足を横に大きく開いて防禦する人がいますが、とても見栄えが悪いものです。相手を不快にさせ品位を落しますのでいましめたいものです。

また、右足を高く上げると腰が折れ、腰が退けて残ってしまいます。このような打ち方は一見、前進しているように錯覚しますが、上げ過ぎた足は、戻ってしまいます。右足は床と平行移動でなるべく高く上げずに、腰始動で前に出すようにします。左腰から相手に迫るような気持ちで技を出すと、左足に体重が乗り、鋭い打突動作になります。このような打ち方はたとえ部位をとらえなかったとしても打突に勢いが出ます。

間合は自分から詰めようとすると、どうしても「打たなければ」という気持ちが強くなります。そうなるとどうしても上半身に力が入ってしまいますので、剣先を相手に圧力をかけるような気持ちで詰めるようにします。こうすることで気持ちに余裕が生まれ、相手の動きも見えるようになるはずです。

送り足と継ぎ足

継ぎ足に頼りすぎると瞬時に対応ができなくなる

剣道の足さばきには、歩み足、送り足、継ぎ足、開き足があります。打突の際は送り足を使うことがほとんどですが、一足一刀の間合よりやや遠い間合から打突するときには継ぎ足を使います。ここで注意しなければならないのは、継ぎ足を多用すると癖になるということです。つまり継ぎ足を多用すると、継ぎ足をしなくても打てる間合でも無意識に継ぎ足をしてしまうようになります。このような打ち方になると左足が遊んでしまい、打つべき機会に素早く打てなくなります。

よって打つ瞬間は左足を動かさず、左足が決まっている状態でパッと技を出せることが理想です。全日本剣道選手権大会などで活躍している選手は、機会と感じた瞬間に技を出していますが、それができるのは左足が軸足として機能しているからです。

松風館では一本打ちの面を身につけてもらいたいと考え、基本稽古のみを行なう日を設けています。正面打ちを中心に出ばな面、連続技などを行なっていますが、面が打てれば他の技も打てると言われているほど、剣道では面に重きを置いています。

面打ちは構えたら中心を取り、物打ちが面部位の後ろまで届くくらい最初は大きく打たせていますが、このとき、一足一刀の間合に入ったら左足は動かさないようにします。ここで左足が動いてしまうと、実戦でも一度、足で継いでからしか打てなくなります。打ち込み稽古のとき、左足が右足を追い越して打っている方を見かけますが、このような打ち方も戒めたいものです。

継ぎ足は剣道の足さばきの一つですから使うことそのものを反対しているわけではありません。使うべきではない局面で使うようになると、継ぎ足ばかりに頼ってしまい、瞬時に対応ができなくなります。一瞬の隙をとらえるのが剣道ですので、そのことを踏まえ、左足の効果的な遣い方を研究し、身につけてほしいと思います。

手の内

親指と人差し指の力は抜く 常に斬り手で竹刀操作ができること

肩甲骨を意識して上半身の力を抜く

身体の正中線に一本の芯を通して構えをつくる

剣道は「手で打つな、足で打て」と言われているように、下半身の働きを重視しています。とくに左足の働きが重要になりますが、上半身をおろそかにしてよいということではありません。下半身と上半身は連動しており、上半身に問題があれば下半身に影響を及ぼし、下半身に問題があれば上半身に影響を及ぼすのは周知の通りです。

上半身については肩甲骨を意識し、胸を開いて構えることです。腰が曲がり、胸がすぼんだ状態で構えると、相手を下から見上げるような構えになります。このような構えだと腹式呼吸ができず、呼吸が胸式になります。胸式呼吸では下腹に力が溜まりませんし、相手の攻めにも反応しやすくなります。

肩甲骨を締めて上半身の力を抜いて構える

肩の力を抜き、胸を開くには肩甲骨を背骨に向けて締めることです。肩甲骨を締めれば自然に胸が開き、肩の力が抜けるはずです。下腹に力が入りますので、腹圧を意識できるようになります。この状態で構えます。

構える際は、身体の縦軸を意識し、そこに一本の芯を通すような気持ちで立ちます。この構えを鏡の前だけでなく、相手と対峙したとき、攻め合ったときに極力崩さないことが大切です。

剣道は対人動作ですので、どうしても「打ちたい、打たれたくない」という気持ちが働きます。そのような気持ちになると呼吸が浅くなり、左手が必ず動きます。言うは易し、行なうは難しですが、意識して取り組みたいものです。

肘に力が入ると打てない
親指と人差し指の力を抜いて斬り手で握る

竹刀を握り方は、左手の小指は柄頭いっぱいに握り、小指・薬指・中指の順に締めながら鶏卵を握る心もちで包み込むように握ります。親指と人差し指の力は抜き、下筋の力を利用して竹刀を握ります。これが斬り手といわれる正しい握り方です。

人間の腕は構造上、脱力すると手のひらは上に向きます。仰向けになり、全身の力を抜くと手のひらはおのずから上を向いてい

親指と人差し指の力を抜いて斬り手で竹刀を握る

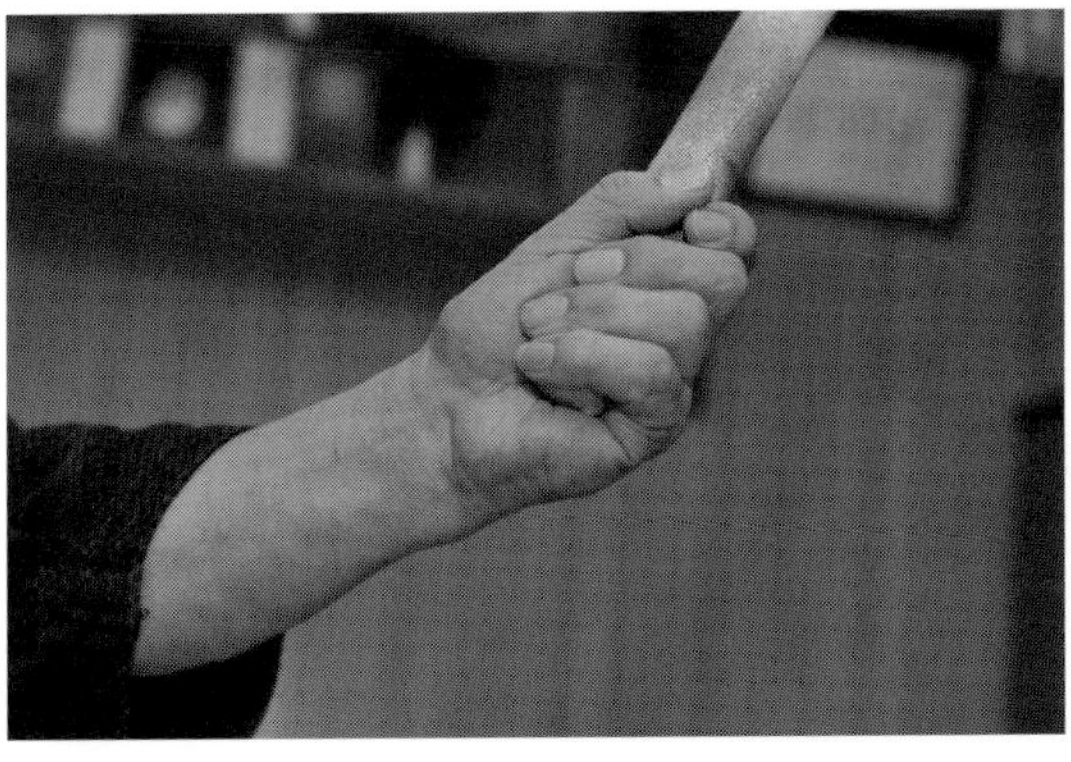

左手の小指は柄頭いっぱいに握る

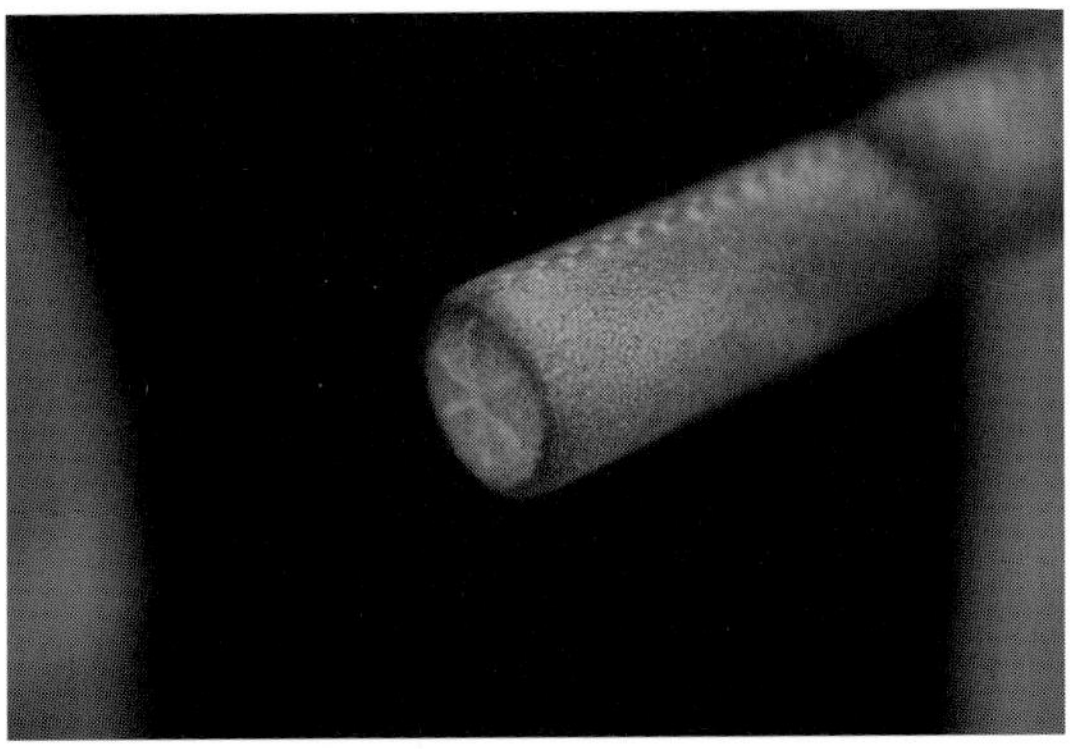

竹刀を握りやすくするため柄頭を水平にしている

るはずです。そして脇も甘くなっています。

斬り手をつくるには脇を締め、腕も内側に向けなければならず、それなりの努力が必要です。長時間、維持していれば筋肉は緊張し、疲れが生じます。気をつけないと手の握り、脇が緩んでしまうのはある種、仕方のないことですが、稽古を積むことでそれを抑制することができます。

竹刀を握ったとき、親指と人差し指に力が入り過ぎると、上筋に力が入って滑らかな竹刀操作、冴えのある打突ができなくなります。打突部位をとらえたとしても、冴えがないので一本になりにくくなります。

私は竹刀を正しく握るために、柄頭に一工夫しています。一工夫というほど大げさなものではないのですが、極力丸みをなくし、平行になるようにしています。こうすることで竹刀の柄頭が左手の掌中におさまりやすくなり、しっかりと握れるようになります。

以前、六段審査の審査員をしたとき、午前中の四十五人の受審者が構えたとき、竹刀がまわっていました。全国審査を受ける人たちでも、正しい手の内が身についていないことに驚いたのですが、正しい手の内の習得は容易ではないということです。よくよく注意して、手の内を研究しましょう。

振り上げ振り下しは一拍子
肩を使ってしなやかに竹刀を振る

打突は一拍子で行なうことが原則ですが、一拍子で竹刀を振るにはそれなりに準備が必要です。その一つに肩を柔らかく使うことがあげられると思います。肩を柔らかく使えるようになるには月並みですが、素振りをくり返すことです。

素振りは、竹刀操作の原則的な内容を体得するために大変重要な稽古法です。竹刀を振り上げ、振り下ろしますが、下した瞬間、両手の小指・薬指で竹刀をしめます。

肩を柔らかくすることをねらいの一つにしていますので、竹刀の振り上げは、竹刀がお尻につくまで行なうことをすすめます。竹刀を四十五度で止める方法もありますが、肩を使った打突を覚えるにはお尻までつけたほうが効果的です。このとき、左手をゆるめてはいけません。構えたままの手の内で竹刀を振り上げ、振り下ろします。

昨今、肘から先で竹刀を振り、肩をまったく使わないような素振りをよく見かけます。これでは速く振れるかもしれませんが、正しい竹刀操作とは言えません。剣先が大きな弧を描くような軌道を心がけ、正確に振るようにします。

竹刀をお尻につけるときも左手をゆるめない

肩を使って竹刀を振る

上半身と下半身の連動

下半身から技を出す意識を常に持つこと

打突動作は、構え↓打ち起こし↓打突↓決めるという流れで構成されています。打ちたい気持ちが強いと、どうしても上半身始動で身体が前傾してしまうものですが、このような打ち方は、正しい打突動作とは言えません。

中段の構えは右手と右足が前に出ています。この状態から右手右足だけを前に出して打っても体勢が崩れてしまい、正しい打突動作ができません。

技の打ち起こしは、重心が移動しはじめて右足が前に出され、これと同時に左手の握りが動き始めます。ここで大事なことは、右足と左手握りの始動は、左腰の始動とこれを支えている左足が支軸となって押し出されるということです。左腰の移動によって重心が前方に移動しはじめ、これによって右足が滑らかに出はじめるのです。こうした左腰の移動と右足の移動を受けて、同時に左手も動きはじめます。これらの動作の基盤になっているのは、左足です。

ここからさらに打突動作に移りますが、打つために竹刀を振り上げ、振り下ろさなければなりません。速く打つために竹刀を手元から打突部位に直線的に動かす、いわゆる「刺し面」のような

技は常に下半身から出す意識を持つこと

動作は、打ちが弱く正しい刃筋の打突とはなりません。打つ動作には「釘を打つ」にしても、「太鼓を打つ」にしても、打つ前に振り上げ動作が必ずあります。振り上げることによって釘が打てるし、太鼓も叩けるのです。それと同様、打突動作も竹刀の振り上げ、振り下ろしという動作が必要になります。

そして打突部位をとらえるときは、正しい刃筋で手の内をきかせて打つことが重要となります。正しい刃筋で打つには、上半身と下半身が動的に安定していることが絶対条件となります。ここが崩れたときは、刃筋が狂ってしまいます。

また打突時、手首に力が入り、手首の関節が折れ曲がってしまうと、力は手首の関節で止まってしまって物打ちに伝わりません。これはいわゆる「止め手」といわれ、冴えた打ちにはなりません。一方、打突したときに手のひらが横に向いたり、上を向いて力が抜けている状態は「抜け手」といわれます。このような打ち方では打突部位に竹刀を乗せただけで有効打突になりません。よって正しい手の内で小指・薬指・中指を瞬間的に締めて打つことが大切になります。

有効打突

試合・審判規則十二条 有効打突の条件を理解して稽古しているか

有効打突の要件と要素

気剣体一致の打突を常に求めて稽古をしているか

剣道の試合は、相手と対峙し、竹刀を交える中で攻め合い、有効打突を奪い合うものです。めまぐるしい攻防を展開するなか、有効打突を求めて勝負をしています。

その有効打突ですが、剣道試合・審判規則第十二条に「有効打突は、充実した気勢、適正な姿勢をもって、竹刀の打突部で打突部位を刃筋正しく打突し、残心あるものとする」と明記しています。有効打突に結びつく正確な打突には「気剣体の一致」が必要であり、ただ「当たったか、当たっていないか」が判断基準ではないことは誰もが知るところだと思います。有効打突に結びつく正確な打突の要素に「姿勢」「気勢」「間合」「体捌」「機会」「手の内の作用」、要件に「打突部位」「竹刀の打突部」「刃筋」「強さと冴え」がありますが、日頃の稽古から有効打突の条件をしっかりと頭に入れて稽古をすることが大切です。

とくに審査では機会をとらえた完ぺきな一本がでないと合格は難しいといわれています。試合では旗が上がるかもしれない技ではなく、だれもが納得をする一本です。打たれたほうも心の底から「参った」と納得する一本です。そのような技を体得するには、稽古の数をかけるしかないのですが、その際、重要になるのが有効打突の条件です。

大人の愛好家はとくに互格稽古が稽古時間の大半を占めていると思います。そこで単に「当たった。当たらなかった」というだけの判断基準で稽古をしていたら審査でだれもが納得がいく一本を打つことはできません。

有効打突の条件を理解し、常に気剣体一致の打突を求めて稽古をすることが大切

自分自身の上達を確認する手段となるのが技です。技は道を求めていくための手段ですので大いに勉強していかなければならず、それが生涯剣道につながっていくと考えています。そして技の判断基準になるのが有効打突の条件です。

剣道は打つべき機会にためらうことなく技を出すことが理想ですが、どうしても「打ちたい、打たれたくない」という気持ちが頭をよぎり、手元が浮いたり、足幅が必要以上に広がりすぎたりするものです。私も稽古ごとに反省をくり返す日々ですが、その気持ちを少しでも静め、理想の打ちを求めて稽古をするのが剣道ではないかと考えています。

私は「打たれ上手な人ほど上達が早い」と指導しているのですが、自分もふくめなかなか実践できません。「打たれるところは打てるところ」と認識し、お互いに納得する一本を求めて稽古を続けたいものです。

左手が緩むと剣道が乱れる

左手がきまると会心の一本が打てる

有効打突は正しい構えから生まれます。構えがしっかりできていなければ、いくら打っても、それは単に当てただけです。では正しい構えを執るにはどうしたらよいのかですが、左手が重要になります。

攻め合いは正中線の取り合いである

剣道は「左手が動いたら負けと思え」と教えているように左手をしっかりと納めることが大切です。肩甲骨を寄せて胸を開き、首と稽古着の襟を密着させて構えると背筋が伸びます。この状態で竹刀を小指・薬指・中指の順番で力を入れて握ると、「打ち手」といわれる正しい握りになります。

相手との攻め合いのなかでは、常に体さばきがともないますが、その際、左手の位置を変えないことが大切です。左手の位置が変ってしまうと、打突動作に影響が出ますし、肘が伸びきると、相手に打突の隙を与えることにもなります。攻め合いは正中線の取り合いですので、竹刀の幅だけで小さく緻密に行ない、なるべく無駄な動きを出さないことが大切です。ときに竹刀を払ったり、捲いたりすることもありますが、これらの竹刀操作を多用すると、隙を与えることにもなります。

左手の位置はなるべく変えず、機会と感じたときに理想とする一本が出せるように準備しておきます。左手の位置が変わるときは相手の太刀を受けるとき、防ぐときです。瞬時に応じ技が出せればよいのですが、大きく手元が上がるときは防御一辺倒のときです。このような状態から技を出すことはできませんので、注意しましょう。

打つ前、打った時、打った後

右手に力が入ると冴えのある打突にならない

面を打った後、手元が大きく上がってしまう悪癖があります。「バンザイ面」などと呼ぶこともあるようですが、これは打った後も手の内を緩めず、力が入り過ぎているために起こってしまう現象です。このような打ち方は、右手に余分な力が入っていて、見栄えも悪く、打突に冴えが出ません。

このような打ちを矯正するには打突時、身体を前傾させないようにし、打った後は、目の前にある自分の剣先を見ながら体移動をするようにします。打突後、右手の力が抜ければ腕は大きく上がらなくなります。

手の内の作用は大きく分けると、打つ前、打った時、打った後の三つがあります。これを瞬時にどう使い分けるかが重要になりますが、もっとも大切なのが打った後、瞬時に右手の力を抜くことです。打つ前は力を抜くことができても、打突した瞬間に入れた力を抜くことは難しいものです。この要領を体得するには切り返しと打ち込み稽古です。

切り返しの目的は各種教本に紹介されていますが、太刀筋の習得、正しい姿勢の習得、正しい間合の習得、気剣体一致の打ちの習得、心肺機能の強化などが挙げられますが、肩関節を意識して行なうことが大切です。素振りと同じように肩・肘・手首を使って刃筋正しく行なうことで効果的な切り返しになります。

私は指導をする際、腕には余裕を持たせ、肘から肩をたくさん使うようにイメージし、剣先が大きな弧を描くようにしながら振り下ろすことをすすめています。肘から手首を使うと、手先だけの打ちになり、切り返しも小さくなります。

また、打ち込み稽古は打突が強くなり、手の内が冴える、打ち間が明らかになる、姿勢がよくなるなどの効果があります。大きく面、小手・面の連続技など、あらかじめ打突部位を指定して行なう方法と、元立ちが隙を与えたところを打突する方法がありますが、いずれも本番に則した真剣味ある打ち込みが内容を充実させます。

面打ち、小手打ちなどの動作は単調で飽きやすいものですが、基本を身につけるには最良な稽古法であり、剣道上達には欠かせないものです。

松風館では毎週一回、基本打ちのみを行なう稽古日を設けています。一般社会人の稽古ですから切り返し、打ち込み、掛かり稽古などをフラフラになるまで行なうということはありません。地味ですが、このような基本稽古のくり返しが、正しい手の内の習得、正しい打ち方の習得、有効打突の発現につながると考えています。

素振りのすすめ

左右の力を均等に まっすぐに振り上げて振り下す

剣道はただ稽古をして汗を流してもそれなりに満足感を得られるものです。しかし、稽古をするからにはだれもが上達をしたいと考えるものです。上達とは会心の一本を求めることと言い換えることができるでしょう。

忙しい一般社会人の方が上達を望むのであれば一人稽古が大切な稽古法です。来たる稽古に向けて一人稽古で準備をし、道場の稽古で確認するようなかたちができれば稽古の質が格段に上がります。

一人稽古の代表的な稽古法が素振りです。素振りの方法については前回もお話ししていますので詳細は省きますが、まっすぐに振り上げ、まっすぐに振り下します。この「まっすぐ」が意外とできません。右利きの人が多いので、どうしても右手に力が入りがちです。

竹刀操作は左右の力を均等にして行なうことが大切ですが、左手を意識することを求めるのは、右利きの人が多いからだと思います。

私も過去、右手の力が入り過ぎて上腕二頭筋の筋断裂を起こしたり、右手首を痛めたりと、右半身の怪我に悩まされています。右利きの剣士が、会心の一本を決めるためには、まず右手に入った余分な力を抜く。このことが必要不可欠なのかもしれません。

一人稽古で次の稽古のための準備をし、道場の稽古で確認するようにすると1回の稽古内容が濃くなる

私の剣道修行

剣道開始から六十年 振り返れば懸かる稽古の連続だった

成田高校剣道部

試合稽古は一切なし。地元の先生にかかった日々

今月はおもむきを変え、私の剣道人生を紹介したいと思います。来年で剣道を始めてから六十年になります。人間でいえば還暦ですが、高校一年、十五歳から始めた剣道をこの年齢になるまでよく続けていると思います。今年で七十五歳になります。

私は昭和十四年三月、千葉県印旛郡の農家の三男坊として生まれました。七年後に妹が生まれ、昼間家族が畑に行ってしまうので、子守は私の仕事でした。昭和二十年、小学校一年生のとき、日本は終戦を迎えました。昭和二十年から二十七年までは剣道禁止の時代であり、私も剣道の存在など知らずに育っていました。子供の時代のスポーツといえば、自分で作ったグローブをつけて、野球を楽しんだことくらいでしょうか。

高校は成田高校に進んだのですが、従兄弟にあこがれ警察官になりたくて、両親に無理を言って高校に行かせてもらいました。警察官になるには柔道をしなければならないという先入観があり、柔道部の稽古を見学に行きました。しかし、そこで稽古をしている柔道部員は大きい人ばかり。隣の剣道部を見ると小柄な人が稽古をしていて、その稽古を眺めていたら、部長の伊藤彰爾先生に「上がれ」と声をかけられ、その流れで剣道部に入ることになりました。これが私と剣道の出会いです。

貧しい時代でしたので、自分の剣道具は持てません。重くて痛い竹胴を探してきたり、小手の中に綿を詰めて縫ったりして道具を揃えました。三尺八寸の竹刀は当時一本二百四十円。道路工夫が一日働いた日当と同じ金額です。それくらい竹刀は高価でした

ので簡単に買い替えることはできず、割れた箇所にご飯粒をつぶして糊にして裂け目に塗り、日々手入れをして、とても大事に使ったのを覚えています。家から高校までの十キロの道のりを自転車で通学していました。舗装していない砂利道をひたすら走りました。結果としてこれが足腰を鍛えたのかもしれません。

稽古は現在のような二人組を作って効率的に行なうのではなく、先生、先輩に稽古をお願いするスタイルでした。面打ち、小手面打ちなどの統一的な打ち込み稽古をすることもなく、ただ先生、先輩にお願いするだけでした。当時、成田高校には地元在住の六段、七段クラスの先生方が稽古に来ていました。だから同級生同士で互格稽古をすることもなく、また試合稽古をすることもありませんでした。

高校三年生のとき、剣道連盟の稽古会に参加したのですが、上下白稽古衣に身をまとった先生が道場に立たれました。着装も立派、姿勢も立派、剣道も洗練されており、その先生が醸し出す雰囲気は高校生の私にも只者ではないことが伝わってきました。この白稽古衣の剣士こそ、千葉県警察で指導を受けることになる糸賀憲一先生でした。一瞬で憧れを抱いてしまいました。

それからしばらくして、高校三年の部員全員が校長室に呼ばれました。校長室の扉を開けると、そこには糸賀先生がいらっしゃり、「警察に入らないか」と我々に警察官になることをすすめました。

当時、警察官は人気職業で、倍率は約二十倍でした。警察官の子息でも試験に落ちることが少なくありませんでした。そんな状況下でお誘いをいただけたのは幸運としか言いようがなく、迷わず手を上げました。

成田高校は第一回関東大会優勝、翌年は準優勝という結果を残す強豪でしたが、私は選手ではありませんでした。それでも稽古は一度も休むことなく、稽古を続けていました。それが評価されたのかはわかりませんが、千葉県警察に採用されました。

糸賀憲一先生の理論的指導に魅了
特練員の七年間は懸かる稽古に徹するだけだった

昭和三十二年、千葉県警に採用された私は一年の警察学校を経て剣道特練員となりました。ただし、私の場合、シーズンオフは交番勤務をする〝通い特練〟と当時呼ばれた勤務体系で、松戸の官舎から稽古に通っていました。

松戸から稲毛まで通うのはたいへんでしたが、あこがれの糸賀憲一先生に稽古をつけてもらえることを考えると、まったく苦になりませんでした。

ここで糸賀先生の経歴を紹介します。大正二年生まれ、県立千葉中学校から東京高等師範学校へ進み、卒業後は東京体育専門学校で助教授として学生の指導にあたっていました。戦後、剣道復活とともに千葉県警察学校剣道師範となり、以後、警察で指導にあたりました。糸賀先生は東京高等師範学校のご出身ですから理論的な指導で、とてもわかりやすく手ほどきをしてくださいました。

我々の動作を真似るのがとても巧みで面を打てば面、小手を打てば小手と同じような軌道で打ち、悪癖を矯正してくださいました。糸賀先生は試合に負けると褒め、勝つと叱るような方で、とにかく正しい剣道を身につけることに主眼を置いていたようです。

昭和39年度全国警察剣道選手権大会にて、川畑富保教士が3度目の優勝を飾る。前列右端が糸賀憲一先生、後列左端が馬渕好吉先生。後列右から2人目が岩立三郎

糸賀先生と同様、千葉県警察学校師範の馬渕好吉先生（範士八段）にも厳しく稽古をいただきました。馬渕先生は大正四年生まれ、京都弘道館で範士十段小川金之助先生の直弟子となった方で、武道専門学校講習科でも修行をされました。先生は稽古が好きな方で、ひたすら稽古をお願いするだけでした。

特練員時代、警視庁、皇宮警察に行ったのもよい思い出です。当時、警視庁には持田盛二先生（範士十段）、斎村五郎先生（範士十段）、堀口清先生（範士九段）をはじめ錚々たる先生方がずらりと元に立っており、順番を待っているだけでも息が上がってしまうような先生方ばかりでした。二十歳で特練員となった私は当時二段です。高校を出たばかりの私が稽古に懸かるのですから、かかり稽古だけです。皇宮警察では佐藤貞雄先生（範士九代）にも稽古をお願いしましたが、佐藤先生は必ず面を打たせ、何本も何本も往復で打ち込みを受けてくださいました。

昭和三十四年、現在、千葉県剣道連盟会長の川畑富保先生が千葉県警察特練員になりました。川畑先生は素早い身のこなしで、のちに全国警察選手権大会で三回優勝を果たすなど、千葉県警の主力選手として長く活躍しました。彼は本当に努力家で、夜も道場で素振りをくり返し、寸暇を惜しんで努力を積み重ねていました。その結果が三度の優勝に結びついたと思いますが、同時期、剣道特練員として学んだことはたくさんありました。

私は特練員としては関東管区警察大会に出させていただいたく

らいで、とくにきわだった成績を収めることはできませんでした。ただ、特練員時代は糸賀、馬渕両先生だけでなく、道場にはのちに国際武道大学の教授となった佐藤清英先生（範士八段）、石田稔先生（教士八段）や松和芳郎先生（範士八段）など警察以外の先生方も頻繁に稽古に来てくださり、懸かる稽古を存分にすることができました。この稽古は、私の大きな財産になりました。

二十八歳少年剣道開始

三十八歳で警察の剣道指導者となり、八段をめざす

私は二十八歳で剣道特練を退き、その後、十年間は一般の警察官として仕事をしていました。その間、剣道は知人に少年剣道の手伝いを頼まれ、松戸市内で剣道指導をはじめました。もともと子供は好きでしたので、少年指導に没頭しました。指導は勤務終了後に行なっていましたが、子供全員に面を打たせていました。やはり「先生」といわれる人たちも、面をつけて元に立って稽古をするのが大原則だと思います。

面を打たせる指導は負担が大きくかかりますが、子供たちの「先生」に対する意識、剣道に対する意識が高まったようで、三十年以上たった現在も付き合いが続いている人もいます。面をつけてこそ、真の稽古がつけられるし、本当の意味での師弟関係という絆ができるのかもしれません。

しかし、特練員時代とは違い、懸かる稽古をする機会がぐんと減りました。そこで考えたのが子供に元立ちをお願いしての打ち込み稽古です。当時、七段審査に一度失敗していました。

馬渕先生に足幅のことを指摘され、「ワシも一回落ちたんだよ」となぐさめの言葉をかけてくださり、そして「グッと攻めたとき右足だけが前に出て、左足が残るから、左足を寄せなさい」と一言だけアドバイスをいただきました。

馬渕先生に助言をいただいてからは「左足、左足」と意識し、小学生の掛かり稽古を受けながら、面の稽古をくり返しました。ときに県警の特練員にも元立ちをしてもらい、面打ちを続けました。この稽古のおかげで七段に合格することができました。

この経験があるので、審査前の三ヶ月、もしくは半年の打ち込みはとても大事だと思い、現在も推奨しています。打ち込み稽古をくり返すことで神経が集中するからです。集中することができれば、立合に隙がなくなります。

昭和五十三年二月に警察学校の助教となり、警察でも剣道指導者の道を歩むようになりました。関東管区警察学校や千葉県警察学校、成田空港警備隊などで勤務しましたが、東金の警察学校時代は、国際武道大学に通い、当時主任教授だった小森園正雄先生（範士九段）に稽古をお願いする機会に恵まれました。

小森園先生にはひたすら面打ちの稽古です。小手、小手・面などの技は一切許されませんでした。いま思えば、私が求めるべき

課題を稽古で教えていたのではないかと考えています。

昭和六十三年八段合格

集中を絶え間なく続けることが合格には必要だった

昭和六十二年、四十八歳のときに初めて八段に挑戦しました。当時は年一回、京都大会終了後に行なわれていました。京都大会に出場したあと審査に臨んだのですが、京都大会最終日の朝稽古はあまりに人数が多かったのでケガをしてはいけないと思い、欠席しました。しかし、いつもと違う行動をしたのがいけなかったのでしょう。そこで集中力が切れてしまったのだと思います。審査当日、自分でもわかるほどに気が動転し、腹に力がまったく入らない状態に陥ってしまいました。

結果は不合格。そこで翌年は普段通り朝稽古に出ました。秋田の奥山京助先生（範士八段）に「いま一本」「いま一本」と次々と面打ちを引き出していただき、それが自分の自信になりました。その結果、翌日の審査は集中力が持続し、合格を手にすることができました。審査は集中を絶え間なく続けることが大事なのだと思います。それさえできれば、大胆不敵に勇気をもって先の気で攻めることができます。

「打たれるかもしれない」「相手は強いかもしれない」という疑心暗鬼に陥ることなく、捨て切った打ちが出せるようになる。まさに審査は自分との戦いだと思います。

いま、審査合格から四半世紀が過ぎました。師匠として稽古をいただいた先生方は鬼籍に入られ、稽古も元に立つことばかりになりました。つくづく思うのは師匠のありがたさです。師にかかることができたので、求める道を示唆していただくことができました。

現在、私が目標としているのは九十歳を超えてなおかくしゃくと稽古をされている高崎慶男先生（範士八段）です。松風館でご指導をいただいているのですが、私の稽古に対しても直すべきと

剣道の稽古は懸かること。工夫・研究をくり返し、目上の先生に目一杯にお願いすること

ころは率直に言ってくださります。十五年後九十歳、私も高崎先生のような稽古ができるのかわかりませんが、めざす目標ができたことは本当にありがたいことです。

師匠がいないことを悩みとする方がいますが、真摯に稽古を続けていれば必ず手をさしのべてくれるものです。真正面から堂々と先をかける意識で稽古を続けていれば、その稽古を評価し、助言をもらえるはずです。

手紙も剣縁をつなぐ有効な手段です。私は礼状を書くことを意識的に行なっていますが、一枚のはがきが新たな剣縁を生むことがあります。

約六十年の剣道人生を急ぎ足で紹介しましたが、剣道の稽古は懸かること。これに尽きるような気がします。工夫・研究をくり返し、稽古では目上の先生に目一杯にお願いする。それが剣道上達につながり、人間力の向上につながると思うのですが、いかがでしょうか。

現代師弟考

稽古は古きを学ぶこと 師に学ぶ姿勢を持ち続けることが大切だ

剣道向上に不可欠 何歳、何段になっても師を持つこと

剣道は練習とはいわず、稽古と言います。稽古は「古を稽る」という意味であり、先人たちが残してきたことを学ぶことです。柳生新陰流の教えに「三磨の位」がありますが、修行の段階を「習」「工」「錬」と三つに分けています。「習」は正師について習う。「工」は工夫、疑う。そして「錬」は錬磨ですので稽古です。この三つのくり返しで自分を高めていくのです。

現代剣道では流派というものがなくなり、だれでもオープンに剣道が学べるようになりました。もちろん、私も戦後から剣道を始めた一人ですので、高校時代、特練員時代など年齢を重ねるごとに様々な先生にご指導をいただきながら今日を迎えてきました。

ここ最近、「三磨の位」でもっとも気になるのは「習」です。みんさん「工」「錬」はそれぞれ重ねていると思いますが、果たして「習」ということに関してはいかがでしょうか。

剣道は竹刀を媒介として攻め合い、隙を求めて打ち合うものです。そこには理合があります。この理合は師匠に稽古を見てもらいながら修正していくものです。この「見てもらう」ということが現代剣道では圧倒的に少なくなっているように感じています。とくに社会人になると稽古をつけてもらう機会があっても、具体的な指摘、アドバイスをもらえる機会は格段に減ります。しかし、無くて七癖です。自分ではよいと思って稽古を重ねていても必ず歪みが生じるのが剣道です。意識的にアドバイスを受ける機会を積極的につくる必要があると思います。

松風館には外来の修行者をふくめ、たくさんの方々が稽古に来られます。はじめて稽古に来られた方とは必ず稽古をするように

していません。稽古をしないことにはアドバイスのしようがないからです。

私が千葉県警察学校の助教時代、馬渕好吉先生から「岩立、これを読んでみろ」と一通の手紙を渡されたことがあります。目を通すと剣道に関する質問が書いてあったのですが、馬渕先生はこの送り主と稽古をしたこともなければ、言葉を交わしたこともなかったそうです。馬渕先生は「稽古をしたこともない人には教えられないよ」と笑っていらっしゃいましたが、まったくその通りだと思います。剣道は実際に稽古をしないことには教えることはできません。

最近、高校三年間で一度も剣道部の指導者と稽古をせずに卒業してしまう高校生がいます。剣道未経験者ではなく、剣道経験者です。複数の生徒をいっせいに見るとき、指導者が面を着けてしまうと目が行き届かなくなります。しかし、剣道には師弟同行という言葉があるように面をつけ、竹刀を交えることでしか教えることができないことがたくさんあります。私も大学生の指導に携わっています。部員数も少なくはありませんが、必ず稽古をするようにしています。

話はややそれてしまいましたが、剣道を学ぶ者は師匠を持つことが大事です。小川忠太郎先生は「三年かけても師匠をえらべ」と教えたそうですが、大成する人は良い人についています。全日本剣道選手権大会で活躍している選手は自分の努力はもちろんですが、必ずよい指導者について剣道を学んでいます。

また、一般愛好者でも昇段がはやい人は師匠について剣道を真剣に学んでいることが多いです。とくに六段、七段、まして八段となれば我流ではなかなかうまくいきません。いくつになっても師匠を持ち、剣道を学ぶ姿勢を忘れず、稽古を積み重ねることが上達につながると思います。

合同稽古の願い方

ただ一本、この先生にお願いするという覚悟があるか

剣道上達のまたとない機会が合同稽古だと思います。普段、稽古をお願いすることができない先生方がずらりと元に立ち、どの先生にお願いするか迷ってしまうこともあるでしょう。とくに日本武道館で行なわれる全剣連主催の合同稽古は、東京はもとより関東各県、ときに全国から八段の先生が集まり、元に立ちます。私も七段をいただいた頃から実施日には予定を調整し、つとめて足を運び、八段をいただいてからも参加するようにしています。

稽古には元立ちの先生がたくさん並ばれますが、私はどんなに行列ができていても「この先生にお願いしたい」ときめていた先生にお願いするようにしていました。稽古前から先生にお願いしたときに、「ここを見ていただきたい」「こうしてみたい」などのイメージをつくっています。ほとんどうまくいくことはないので

すが、そのような準備をして臨むようにしていました。

稽古をお願いする際は打たれることを嫌がらず、先生方の全身から発する強い気攻めを受け止め、剣先の威力を恐れず精一杯ギリギリのところまで我慢し、機を見て技を出すことを心がけました。ほとんどが面打ちです。面をとらえることはまずなく、応じ返し胴、すり上げ面、さらに出ばな技と先生方はなんなくこちらの面をさばきました。ときに喉元に剣先がつかえたこともありました。それでも遠間から面に行くようにしました。先生方の気攻めは本当に苦しいものでしたが、「もう一本、もう一本」とぶつかるような気持ちで願うようにしました。

稽古をお願いする際は打たれることを嫌がらず、機を見て技を出すことが大切

合同稽古では効率よく本数を多く願う方法と、一本しかできなくても心に決めた先生に願う方法の二通りあると思います。どちらも正解で間違いではありません。

ただ、私の場合、同じ先生に稽古を願ったことで稽古後、一言、二言アドバイスをいただけるようになりました。この一言が本当にありがたい、修行の指針となりました。

私の八段審査

小森園正雄先生、佐藤清英先生に稽古を願う

私は昭和六十三年五月に八段をいただきました。当時、八段審査は年一回、失敗すると翌年五月まで受験の機会はありませんでした。二回目の挑戦で通していただきましたが、やはり先生方からの貴重な教えが合格につながりました。

八段をめざすにあたってはさまざまな先生方にご指導をいただきましたが、ここでは小森園正雄先生、佐藤清英先生にいただいた内容を紹介したいと思います。

小森園先生は昭和五十九年に開学した国際武道大学の主任教授をつとめられました。小森園先生は口述録（『剣道は面一本』）に「道を求める態度」と題し、「剣道は自分自身を学ぶことでもある。具体的な態度としては、師匠から自分の問題点を指摘してもらい

小森園正雄範士九段

佐藤清英範士八段

課題を与えてもらうことである。与えられた課題を『素直に聞く』『努力する』ことは当然のことである。この場合、弟子は師匠から課題を与えられることを待つのではなく、自分から聞く場を作るように努力しなければならない」と述べられていますが、先生は手取り足取り教えることはもちろんなく、ただ稽古をお願いするだけでした。

ただ、稽古をお願いする中で、私に対して課題を与えてくださっていたように思います。気一杯、身体一杯に技を遣うことを求められ、当てて打ったような技に対しては厳しく戒めました。

八段をいただいたあとのことですが、合同稽古で、小森園先生の攻めを恐れて小手を出すと、「バカモン！　なぜそんなところで小手を打つのか」ときついお言葉をいただきました。相手を恐れて出した小手は先生に触ることもできませんし、姿勢が崩れるだけです。その場しのぎで出した小手に腹を立てたのでしょう。剣道は「打って勝つな、勝って打て」の教えの通りです。

佐藤清英先生は、千葉県警の糸賀憲一先生の東京高等師範学校の後輩であり、警察学校に稽古に来られていましたので、特練員時代のときから稽古をお願いしていました。佐藤先生は千葉県長狭中学校（現長狭高校）から東京高等師範学校に進み、戦後は千葉県高校教員、国際武道大学教授などを歴任し、千葉県剣道連盟会長を務められました。ご自分で道場を持ち、後進の指導にあたられ、私も先生の道場に通いました。

先生に稽古をお願いすると小森園先生同様、面を打つと返し胴、すり上げ面を打たれるだけです。しかし、苦しくても策を弄するようなことはしないようにし、先生の気を乗り越えていくようなつもりで稽古をお願いし続けました。こうしているとたまに面がかすることがあります。すると先生は「うんうん」とうなずかれます。この「うんうん」がたまらなく嬉しくてこの「うんうん」を求めて稽古をするようになりました。

当時、佐藤先生が稽古をつけてくださった年齢を私ははるかに超えました。いま考えると、先生は私の気を目一杯引き出してくださっていたように思います。八段審査の合否は、自分の得意技を捨て身で打ち切れたかで決まりますが、同格の相手に捨て身で打ち切ることは容易なことではありません。そのことを教えてくださっていたのだと思います。

森島健男先生からのご指導

「左足がきちんとしないのは指導者とは言えない」

今年で後期高齢者七十五歳になります。これまで成田高校の伊藤彰爾先生、滝口正義先生にはじまり、糸賀憲一先生、馬渕好吉先生、松和芳郎先生、佐藤清英先生、和田金次先生、小森園正雄先生、岡憲次郎先生、森島健男先生とすばらしい先生方にご指導をいただくことができました。最後に森島先生に背筋が凍るような教えというより、注意をいただいたこと紹介します。

あれは全剣連の合同稽古のことでした。稽古が終わると森島先生が私のことを呼びました。そして「岩立君、左足が曲がっている。左足がきちんとしないのは指導者とは言えない」と厳しいご指導をいただきました。

左足に関してはこれまで自分でも相当注意し、自分の剣道の根幹とし、その重要性について門弟たちに説いていました。

左足の状態は姿勢に大きな影響を及ぼします。とくに踵の高さ、向きについては気をつけなければなりません。しかし、疲労とともに左足の踵は床につきやすくなり、向きも外側になりがちです。以来、稽古では「左足、左足」と頭の中でつぶやき、注意するようにしています。

森島先生には八段をいただいてから同じ講師として講習会に参加させていただき、講習会の進め方、講義の仕方など詳細にご指導をいただくことができました。

「啐啄の機」という禅語があります。雛が卵から出ようとして殻の中からつつくのと同時に、親鳥が殻をつつく。それが転じて、いま一歩で悟りを開くまでになった弟子に対し、師が適切な教示を与えて悟りに導くという意味です。

私が悟ったとは到底、思えませんが、節目ごとに先生方のお導きがあり、現在があるのは間違いありません。

「ゆく先は悟りか迷いかわからねど、あとふりむかず剣の修行を」

岡先生から教えていただいた道歌を胸に精進したいと思います。

昇段審査の心得

事前の準備、当日の準備
昇段審査は準備に準備を重ねて臨むこと

事前の準備

会場に入る前から審査は始まっている

昇段審査は、第三者（審査員）に自分の剣道を評価してもらうものです。審査員がその段位にふさわしい剣道であると認めなければ合格することはできません。私の道場にも審査合格をめざして通っている方がたくさんいますが、稽古を積むことは当然ですが、審査直前の心得についてお話したいと思います。せっかく稽古を積んだにもかかわらず、本番で実力の半分も発揮できない方がいます。そのような方を見ていると直前の準備に失敗があることが少なくありません。

会場へ行くための交通手段はしっかりと頭に入っていますか。なじみのある会場であれば所要時間などを把握しやすいですが、地方審査に行く場合は注意が必要です。首都圏のように交通網が発達していませんのでタクシーに頼ることもあります。しかし、タクシーもたくさん走っているわけではありませんので、なかなか乗ることができずあわててしまうということがよくあります。

審査に臨むにあたっては、とにかく審査のみに集中できる環境を自分でつくることです。その第一歩が自宅から会場までの交通手段の確認だと思います。

以前、七段審査で合格した山形の方がいますが、一年前に会場まで足を運び、当日のイメージをつくったそうです。なかなかそこまで準備することは難しいと思いますが、いまはインターネットで現地情報は簡単に入手できますので、余計なストレスをつくらないためにも、会場に関する情報は集めておくことにしましょう。

自宅から審査会場までの所要時間を把握し、余裕をもって出かけていくこと

なお防具、竹刀、稽古着、袴の準備は出発前日に必ずしておくことです。信じられない話かもしれませんが、小手を入れ忘れた、稽古着を入れ忘れたという話を少なからず聞きます。

審査当日の準備

無駄口は控える。深呼吸で下腹に気を充実させよ

審査当日、会場には遅れないように充分時間に余裕をもって入るようにしましょう。ギリギリになると気持ちが落ち着かなくなるものです。

審査会当日、審査員の私が最初に見るのは、会場内での受審者の態度です。「これから自分の剣道を見ていただくのだ」という覚悟で臨んでいる人は隙のない立ち居振る舞いをしています。懸かる稽古をやり抜いた人のみが醸し出す風格、自信みたいなものが、所作や態度からにじみ出ているものです。

会場で無駄話をしている人を散見します。久しぶりに会う知人もたくさんいるとは思いますが、あいさつ程度にとどめておくのが賢明です。審査に来たのであって、同窓会に来たわけではありません。壁に向かうなど、なるべく人と目を合わさない工夫も必要だと思います。

八段審査に合格したとき、武徳殿でたくさん深呼吸をして心を

審査会場に入ったら無駄口は控え、深呼吸で下腹に気を充実させ、本番を待つとよい

落ち着かせました。腹式呼吸でしっかり気を下腹に溜め、踵に力を入れて本番に備えることが大切です。

着替えをすませたら着装をどなたかに点検してもらいましょう。稽古着・袴は「襟は首、袴は腰の位置」で正しく身につけていますか。袴は新品のものである必要はありません。洗濯されており、袴の襞がきちんとついている状態のものを用意しているでしょうか。剣道具も正しい位置に着装されているかどうかも見られています。

審査は付添人がいることが理想です。付添人がいれば、着装を最終確認してもらうことも可能ですが、いまは会場係の方に見てもらうこともできますので、着装に関しては審査前に必ず第三者に見てもらうようにしてください。稽古着の背中がふくらんでいる人、手拭いが面からはみでている人、面紐の長さが不ぞろいな人が意外といます。

なお、貴重品の管理には充分注意しましょう。残念なことですが、盗難事件が必ず起きています。

審査本番の心得

自分の得意技を全身全霊で打ち切り、決めること

立合で重要なことは、時間内に自分の得意技が出せるかどうかに尽きると思いますが、私は審査本番の心得として以下の十五項目を確認するようにすすめています。

一、立礼の位置、二人同時の礼の位置と礼法。
二、蹲踞は早からず遅からず相手に合わせて膝と下腹に力を入れる。
三、立ち上がったら中心を取るつもりで右足を相手の股間に向ける。
四、剣先は相手の中心を攻め、決して右方向に回らない。
五、立ち上がったときは既に先を取っている状態に持っていくこと。
六、この時、下腹に力を入れ、上体の力は軽く両手の手の内も軽くする。
七、とくに間合は自分がいつでも打てる間合が大切。自分の打ち間を知っていること。
八、技は自分のいちばん得意なものを出し切ること。
九、捨て身の打ちでなければ評価されない。
十、機会を的確にとらえた技でなければ評価されない。
十一、間合を充分取って相手を引き出して出ばなをとらえた技は最高。
十二、打ったら打たせない。相手をこなすこと。避けるは評価ゼロです。
十三、終始審査員に自分の前を向ける位置にいることも大切。
十四、審査員に背中を向けない。審査員に打ち込む気迫があれば

立合で重要なことは、時間内に自分の得意技を出せるかどうかに尽きる

最高。

十五、一人目に打たれたとしても気を抜かないこと。

どれも当たり前のことではありますが、普段からこれらの項目を意識して稽古をすることが大切です。審査直前に十五項目を覚えようとしても実践することはできません。

とくに重要と思われる項目について説明しますが、二人同時の礼法は審査時だけです。普段、行なうことはありませんので、注意が必要です。緊張していると審査員の方向にまわって行なうのかなど、意外と気になってしまうものです。審査前に練習しておくことも大切でしょう。

三項目目の「右足を相手の股間に向けるつもり」というのは、稽古でも審査でも立ち上り、攻め合いの中で右に開いてしまいがちです。それは攻めにつながっていません。それをふせぐために相手の中心に向けて右足を運びます。こうすることで相手に圧力がかかります。

機会をとらえること、捨て身で打つことなどについてはあらためて説明する必要がありませんが、審査では機会をとらえた捨て切った打ちでなければ評価されません。なかでも出ばなは極上の機会ですので、必ず身につけたい技です。

「事の未だ成さざるときは小心翼翼」
「事の将に成さんとするときは大胆不敵」
「事の既に成るときは油断大敵」

勝海舟の有名な教えですが、剣道にあてはめると立ち間から細心の気配りと攻め、捨て身で割って打ち抜く打突、そして残心という手順になります。

　この三つの項目ができたとき会心の一本が生まれるはずです。打ち出した技は確実に決めることが大切です。

悪癖は育っていく

自分の修行を見てもらうことが重要

　審査合格に向けては稽古の数をかけることは当然ですが、数をかければよいということではありません。

　松風館では毎週金曜日は基本稽古の日としています。指導稽古、互格稽古はいっさい行なわず、切り返しと面、小手、小手・面などの打ち込みを行なっています。私は稽古を見ながら「剣先が中心から外れている」「左足が曲がっている」など助言をするようにしています。

「人間なくて七癖」といわれていますが、剣道に関してたくさんあります。よい癖は個性として伸ばしていくべきですが、悪癖はすぐに矯正しなくてはなりません。なぜなら悪癖はどんどん育っていってしまい、気がついたときには修正がとても難しくなっていることが少なくありません。

　高校生、大学生であれば指導者に指摘してもらうことは簡単ですが、大人になると助言を受ける機会は激減します。自分でよかれと思って続けていることも、徐々にゆがんでいっていることはたくさんあります。

　例えば打突後は勢いよく打ち抜けることが求められますが、勢いを意識しすぎると打突後、左足が前に出て走るように抜けるようになります。しかし、勢いよく抜けることができるので、自分ではよかれと考え、残心を忘れていることに気がつかないのです。

　過去にも紹介していますが、剣道は練習ではなく、稽古です。師匠に稽古を見てもらい、助言をもらうことで伸びて行きます。我流の剣道では進歩は期待できません。どうか、そのことを理解し、日々の稽古に取り組んでいただければと思います。

普段から稽古を重ねることはもちろん、稽古内容を評価してもらう機会をつくること

審査合格後の修行

油断をするとすぐに力は落ちる 相手を生かし、自分も生きる稽古を心がけよ

油断してはいけない 合格すると半年で元に戻る不思議

前回は昇段審査に向けての心得をお話しました。今回は審査合格後のお話です。剣道の昇段審査は初段から八段までありますが、何段でも落ちれば悔しい、合格できれば嬉しいと思うものです。

落ちたときは次の審査に向けて努力・精進するものですが、合格したときはホッとしてしまうのでしょう。油断をすると半年くらいで力が元に戻ってしまいます。松風館には昇段審査合格をめざし、たくさんの方が足を運んでくださっています。合格後、挨拶を兼ねて来てくださる方がたくさんいらっしゃいますが、数カ月後、合同稽古等でお会いしたとき、残念ながら「力が落ちたな」と感じる方も少なくありません。

剣道は小さな努力の積み重ねで強くなっていくものですが、小さな努力を怠ったり、甘くなったりするとみるみる力が落ちていってしまいます。体力に関しては加齢とともに必ず落ちますので、そのなかで剣道の力を維持ではなく向上させるには総合力を上げていくことしかありません。剣道の総合力とは地力と置き換えることができるでしょう。

剣道では「あの人は地力がある」「地ができている」などと表現しますが、長い間修行していると相手の動きを予測する力が形成され、相手がなにをしたいのかがわかるようになります。年配の先生方が血気盛んな若手剣士を手玉にとれるのは予測する力でまさっているからであり、適切な対処法を身体で覚えているからです。相手の動きを読めるから出ばなを打ったり、胴に返したりすることができるのですが、稽古が甘くなるとそれができなくなります。

審査合格後、油断をすると半年くらいで力は戻ってしまう。剣道の力を落とさないように努めること

審査合格後はためていた仕事に取り組むなどで、通常より稽古時間を確保できなくなるものです。だからこそ一回の稽古を大切にし、剣道の力を落とさないようにしましょう。

七段からは元に立つ

自分の前に何人並んでもらえるか

松風館では七段になると上座にすわってもらいます。稽古でも元立ちをつとめることを原則としています。七段になれば地域の稽古会では当然、元立ちをつとめなければならず、その訓練を兼ねてお願いするようにしています。七段は指導者ですので、基本から外れている剣道であってはなりません。「また稽古をお願いしたい」と感じてくれる剣道でなければなりません。

「元立ちは何人並んでもらえたかで価値が決まる」と七段取得者に言っています。七段は指導者です。指導者になれば、下手を引き立てることが大切な役割の一つです。自分勝手な剣道をしてはいけません。相手の技量を見極め、相手の技を生かす稽古を心がけるようにします。

指導稽古はたいてい四十分から九十分くらい時間を割きますが、元立ちは一人目から最後の人まで同じように相手をできなければなりません。掛り手はお願いする先生を選ぶことができますが、元立ちは選ぶことができません。どんな相手にも対応できなければなりませんし、それが元立ちというものです。

そして元立ちは下手の者を引き立てなければなりません。かつて全国から選りすぐりの八段を集めた明治村剣道大会では前日、九段の審判員の先生方が元立ちをつとめた稽古会を行なっていました。

広島の中西康先生に稽古をお願いしたとき、「いま一本」とおっしゃり何度も面を打たせてくださいました。私は一度剣先をまわして打つ癖がありましたので、それを修正するよう竹刀を通して教えてくださったのだと思います。

範士十段の持田盛二先生は「相手が初段なら二段の力で、二段

元立ちは稽古開始から最後まで同じように相手をできるようにする

なら三段の力で」と指導者は相手より少し上の実力で稽古をすることが大切だと説きました。一方的に打ち込んでも稽古になりませんので、それを念頭に稽古をしていますが、実際にはなかなかうまくいくものではありません。それでも下手の力を目一杯に引き出すような稽古を求めていつも元に立つようにしています。

現在、松風館には九十歳を過ぎた髙﨑慶男先生に来ていただいています。過日も六十分間元に立ち、指導をしていただきました。九十歳を超えてなお先をかけて面を打てることにただただ驚くばかりです。

遠間で対峙する

先を取って面に乗る稽古をくり返すこと

元に立つ際、私は常に先の気で稽古をするようにしています。昔から「気は先、技は後」と教えていますが、待って打つ剣道では相手に伝わりません。また、掛かり手に対しておかまいなしに間合を詰めて打ったり、仕かけてきた技をただ防ぐ稽古は嫌われます。

稽古をするときは遠間で対峙し、「さあ来なさい。来なければ打ちますよ。あなたはどうしますか」という気持ちで間合を詰めます。打つことよりも気位で圧するような気持ちで対峙します。

待って打つ剣道では相手に伝わらない。先を取って面に乗る稽古を心がける

この局面で掛り手は真っ向から捨て身で打つことがなによりも大切です。このくり返しが掛かり手の力を伸ばすのです。

元立ちは遠間からの錬り合いで掛かり手に圧力をかけつつ、掛かり手が居ついたり、待ったときには鋭く攻め込み、捨て切った技を打たなければなりません。

私は相手の面に対し、返し胴で応じたときは心の中で「すまなかった」と謝るようにしています。相手が先をかけて打ってきたものに対し、さらに乗り返して面を打つことが理想です。掛かり手の大半が面を打ってきますので、元立ちは胴に返すことは容易なことです。だから反射的に胴を打ってしまったときには「申し訳ない」と思うのです。

剣道修行に終わりなし

いつも謙虚な気持ちで稽古に臨むこと

数年前、八段審査に合格された先生の話です。八段をめざし全日本剣道連盟の合同稽古に毎回参加し、松風館にも来ていらっしゃいました。その先生は八段合格後も合同稽古に参加していましたが、元には立たず、合格まで稽古をつけていただいた先生方に御礼の意味も込めて稽古をお願いしていました。全剣連の合同稽古は八段以上が元立ちです。合格後は元立ちをつとめ、後進の指導にあたることも大切ですが、その先生の考え方に感銘を受けました。残念ながら審査合格後、稽古会等に足を運ばれなくなってしまう方もいます。それぞれの事情があるとはいえ、やや淋しい気持ちがします。

審査に合格したということは、その合格した段位の入り口に立ったにすぎません。その段位に恥じない稽古を心がけなければなりません。「よく合格できたな」と後ろ指をさされるような剣道にはなりたくないものです。うぬぼれたり、焦ったり、心が乱れれば、必ず稽古は乱れます。相手と気持ちを合わせることもできず、後味の悪い思いをさせてしまいます。

審査はひとつの通過点であり、剣道修行に終わりはありません。柳生新陰流の柳生石舟斉は「一文は無文の師、他流勝つべきに非ず。昨日の我に、今日は勝つべし」と教えています。自分がまだ知らない有益な一つの思想があったら、知っている人に謙虚に学びなさい。兵法をたしなんでいるから自慢気に技を披露して相手を打ち負かすようなことをしてはいけない。ただ自分自身の成長を目的とし、日々の人間形成につとめていきなさい、という意味です。

人間は弱い生き物ですので、なかなか柳生石舟斉のようにはいかないとは思いますが、昇段審査合格後の稽古はとくに気を引き締めて臨まなければなりません。

いまというまなるときはなかりけり。まのときくればいのときはさる。いまを大切にすれば剣は落ちない。この道歌が私は隙です。

生涯剣道

剣道は山々雲 我以外皆師を胸に日々向上をめざすこと

健康であること

過ぎたるは及ばざるがごとし

「剣道は高き山をば登ごと一山越せば前にまた山」と範士八段羽賀忠利先生はご著書『剣道の詩』に記され、剣道修行の道に終点はないことを教えています。

剣道は何歳からでも始められ、何歳になっても継続でき、何歳の人（相手）とでも稽古ができるものです。その魅力は多岐多様であり、それぞれの目的に合った課題を追求し、自己実現できる無限の広がりと深まりを持っています。それが剣道のもっともすばらしい特徴と思うのですが、竹刀を握り、道場に立たないことには剣道はできません。よって生涯にわたり剣道を続けるにはまず健康であることが大切です。

生涯剣道を実践するにはまず心身ともに健康であること

松風館には九十歳を超えた髙﨑慶男先生が稽古に来てくださります。いまも一時間近く元に立ち、門弟に稽古をつけてくださいますが、一拍子でストンと面を打つことができます。加齢とともに筋力は弱り、どうしても手足の動きが合わなくなりますが、それを難なくこなしてしまう先生の稽古姿は私の目標でもあります。

剣道は稽古をしなければはじまりませんが、稽古のやりすぎはいけません。医師であり、生前、ご指導をいただいた茨城の大祢一郎先生は高齢者になってからは「休み休み稽古をする。連続して稽古をしない。疲れているときに稽古をしても合理的ではない」とおっしゃっていました。

若い年代は身体が動きますので打つべきところで身体が動くようにひたすら打ち込み稽古をして身体で覚えることが大切です。しかし、このような稽古は加齢とともにできなくなりますし、無理して行なおうとすると必ずケガをしてしまいます。

私が健康維持に実践してきたのが暴飲暴食を控えることとランニングです。暴飲暴食は説明するまでもありませんが、飲むことも食べることもほどほどにすることが大切ではないでしょうか。

またランニングは足腰の力をつくる土台づくりには必要不可欠です。走り過ぎるとケガにつながりますが、ランニングは一人でできる最適なトレーニングです。

目標を持つこと
今日できることに全力を尽くす

私は十五歳で剣道をはじめ、七十五歳になるまで大きな病気やケガもなく剣道を続けてくることができました。

「行く先は悟りか迷いか判らねど後ふりむかず剣の修業を」

と元国際武道大学学長の岡憲次郎先生（範士八段）は修業のあり方をこのような道歌で表現されましたが、私も岡先生の道歌が心に大きく響き、指針のひとつにしています。

剣道はただ稽古をして汗を流しても満足感が得られるものですが、それでは剣道の魅力のわずか一部しか実感できません。目標を設定し、しかるべき指導者に教えを受けながら実力を伸ばしていくことに大きな魅力があると思います。

私には成田高校の同期生で、千葉県警にも同期で入った斎藤輝男氏という剣友がいました。斎藤氏は、高校時代はインターハイ予選に先鋒で出場して全勝、最優秀選手に選ばれ、千葉県警察奉職後も早々に機動隊から声がかかり、剣道特練員として第一線で活躍。関東管区警察大会個人戦で準優勝を果たすなど、常に私が目標とする存在でした。八段審査も斎藤氏が私より一年早く合格しています。当時、八段審査は一年に一度しかありませんでしたので、不合格からの一年は斎藤氏の稽古を真似て取り組むようにしました。斎藤氏は八段審査に臨むまでの約二年、特練員を相手

松風館に通う館員とともに

に朝稽古で面の打ち込みに励んでいました。一方の私は朝稽古には出ていましたが、彼の面打ちを横目でみつつ、元立ち稽古に終始していました。その努力の差が審査の結果で現われました。

八段審査不合格からの一年は斎藤氏を真似て打ち込みを行ないました。翌年の八段審査に面倒見のよい斎藤氏はずっと付き添ってくれ、一次審査の発表をわざわざ見に行ってくれました。控え室で待つ私に向かって「受かっていたぞ。二次もがんばれ」と激励してくれたことは、合格に向けて大きな力になったのは言うまでもありません。

私は伊藤彰爾先生、滝口正義先生、糸賀憲一先生、馬渕好吉先生、松和芳郎先生、佐藤清英先生、和田金次先生、小森園正雄先生、岡憲次郎先生、森島健男先生、髙﨑慶男先生とすばらしい先生方に教えを受け、ここまで育てていただきましたが、剣友斎藤氏もまた大きな存在でした。彼が鬼籍に入ってしまったのが残念で仕方ありませんが、斎藤氏に恩を返す意味でも、今日できることに全力を尽くしたいと思います。

勇気を持つこと

稽古はすべて先の技で勝負をかける

生涯剣道を実践する上で勇気を持つことも大切な条件です。人間は勇気がなければ何もすることができません。

江戸時代の儒学者細井平洲は、米沢藩主になろうとしていた上杉鷹山に「勇なるかな勇なるかな、勇にあらずして何をもって行なわんや」という言葉を贈りました。「何をやるにしてもまず勇気が必要である」という意味ですが、剣道の稽古でいうならばすべて先の技、捨て身の技で勝負をするということでしょう。

「捨てる」とは、一言でいえば「心を残さない」ということでしょう。打突が生まれる以前のことが重要で、両者の攻め合いの結果の中から発生した打突の機会をとらえて瞬時に心身を放った打突動作のことだと思います。

弓を充分に引き絞って的に向かって何の迷いもなくパッと放ったときの心境とでも言えると思います。有名な道歌「山川の瀬々に流るる栃殻も、身を捨ててこそ浮かぶ瀬もあれ」です。

高段者には風格ある正しい姿勢と構えが求められます。生気がみなぎった構えともいえますが、それには先をかけた技を求めて修行に取り組むことが大切だと、私の体験から思います。先をかけた技を求めるには、まず下半身をしっかりさせなければなりません。これは稽古で鍛錬する以外なく、打ち込み稽古でつくっていくことが大切です。

基礎をつくり、先をかけた技を求めて修行をすることが、上達の法則ではないかと思います。この法則に従わないと実力はつかず、伸び悩むことになります。土台ができた身体は打とうと思わずとも身体が自然に反応して打突動作に移ることができます。

いままで学んできたものを変えたり、修正したりすることは大変な労力がかかり、勇気がいるものです。しかし、成長するには勇気をもって何かを捨て去ることも必要です。

私は上手の先生方に稽古をお願いすることで自分の器を変えていくことを心がけていました。稽古を願うときは「いまこうしてお願いしている内容に間違いはないでしょうか」という気持ちで懸かることもありました。稽古後のご挨拶では目をそらさずに一言、二言いただくことに終始しました。最初は挨拶程度であっても、こうすることで声をかけていただくことができました。

先生方の目を見るということは勇気がいるものですが、目はなるべくそらさず、誠意をもってお願いすることが大切だと思います。

継続すること

「謝四恩」の気持ちを忘れずに稽古を重ねる

人間は弱い生きものです。苦難があると現実から逃げたくなります。稽古に関しても「仕事が忙しい」「家庭の事情」など一般社会人は稽古ができない理由はいくらでも作ることができ、また稽古をすることが義務ではありません。しかし、せっかく続けている剣道ですから、中断することなく、コツコツと続けることが大切です。

私は「謝四恩」を座右の銘としています。「四恩に謝す」と読みます。

「人間は一人で生きていく事はできない。多くの人の力添えで人は成長する。その御恩に対し、感謝の念を持とう」という心のあり方の教訓です。

この言葉との出会いは、千葉大学第一外科教室教授であり、習志野病院院長でいらした故綿貫重雄先生（剣道教士七段）の叙勲祝でいただいた文鎮に刻まれていたのが最初です。当時、この言葉の意味がわからず、恥を忍んでその意味を尋ねたのですが、真意を知った瞬間、「これだ」と思い、以来、座右の銘としています。

四つの恩は色々な解釈がありますが、剣道修錬の観点から、私は「丈夫に生んでくれた父母への恩、剣道が盛んな日本という国への恩、教え導いてくれた師への恩、共に切磋琢磨してきた剣友への恩」と考えています。両親、日本、師匠、剣友への感謝の念を忘れてはいけません。

そこにいるとみんなが喜ぶ人

そこにいるとみんなの役に立つ人

そこにいないとみんなが困る人

剣道界はそのような剣道人を求めていると思います。私もそのような剣道人になるべく努力していますが、まだまだ反省すべき点が多々あります。ただ、冒頭に申し上げた通り剣道修行に終わりはありません。「謝四恩」の気持ちを忘れずに稽古を重ねたいと思います。

あとがき

本書は月刊『剣道時代』にて掲載した特集記事および連載「松風館奥伝」の記事を一冊にまとめたものです。剣道愛好家（市民剣士）の方々の技術向上のみならず、日々の生活や仕事を充実させてもらいたいと考え、私の拙い経験を述べさせていただきました。

私は成田高校に入学後、ただ警察官になりたくて始めた剣道を六十年以上も続けてきました。剣道は何歳からでも始められ、何歳になっても継続でき、何歳の人（相手）とでも稽古ができるものです。後期高齢者となった昨今、改めて剣道は素晴らしいものだと実感しています。

昭和三十二年、千葉県警察に採用された私は一年の警察学校を経て剣道特練員となりました。特練員時代は糸賀憲一先生、馬渕好吉先生をはじめ素晴らしい先生方に剣道を教えていただく機会を得ましたが、二十八歳で剣道特練をしりぞくまで選手としての実績は関東管区警察大会に出させていただいたくらいで、とくにきわだった成績を収めることができませんでした。しかしながら、のちに松風館で指導をする基礎となったことは言うまでもありません。三十八歳から警察学校の教官となり、剣道指導者の道を歩むことになりますが、改めて剣道の稽古は懸かること、これに尽きると思います。

私は伊藤彰爾先生、滝口正義先生、糸賀憲一先生、馬渕好吉先生、松和芳郎先生、佐藤清英先生、和田金次先生、小森園正雄先生、岡憲次郎先生、森島健男先生、髙崎慶男先生とすばらしい先生方に教えを受け、ここまで育てていただきましたが、どの先生方も未熟な私を引き立てるように稽古を受けてくださいました。これが剣道なのだと思います。これからも身体が動く限り道場に立ち、一本でも多く稽古を続けていきたいと考えております。

本書をまとめるにあたっては多くの協力やご助言をいただきました。出版にあたっては編集をお願いしている剣道時代編集長の小林伸郎氏、撮影を担当している徳江正之カメラマンに深く感謝を申し上げます。また本書の発刊にご尽力いただいた体育とスポーツ出版社の橋本雄一社長に厚く御礼を申し上げ、あとがきといたします。

岩立三郎

平成二十六年十二月二十五日

初出一覧

本書に収録した記事はいずれも雑誌『剣道時代』に掲載されたものです。

第一章
乗って打つ　『剣道時代』二〇一三年二月号
肩を意識する　『剣道時代』二〇〇六年九月号
目線を意識する　『剣道時代』二〇〇四年十二月号
左足で勝つ　『剣道時代』二〇〇九年八月号
道場で学ぶ　『剣道時代』二〇〇九年三月号

第二章　松風館奥伝
礼法　『剣道時代』二〇一三年七月号
姿勢　『剣道時代』二〇一三年八月号
剣先　『剣道時代』二〇一三年九月号
ためる　『剣道時代』二〇一三年十月号
左足　『剣道時代』二〇一三年十一月号
手の内　『剣道時代』二〇一三年十二月号
有効打突　『剣道時代』二〇一四年一月号
私の剣道修行　『剣道時代』二〇一四年二月号
現代師弟考　『剣道時代』二〇一四年三月号
昇段審査の心得　『剣道時代』二〇一四年四月号
審査合格後の修行　『剣道時代』二〇一四年五月号
生涯剣道　『剣道時代』二〇一四年六月号

［著者略歴］
岩立三郎
いわたて・さぶろう／昭和14年千葉県生まれ。千葉県成田高校を卒業後、千葉県警察に奉職する。剣道特練員を退いた後は、関東管区警察学校教官、千葉県警察剣道師範などを歴任。昭和53年から剣道場「松風館」にて剣道指導をはじめ、現在も岩立範士の指導を請うべく、日本はもとより海外からも多数の剣士が集まっている。現在、松風館道場館長、尚美学園大学剣道部師範、全日本剣道連盟審議員、全日本剣道道場連盟副会長、全日本高齢剣友会会長。剣道範士八段。

剣道《けんどう》は乗《の》って勝《か》つ

発　行――平成27年1月20日　初版第1刷発行
　　　　　平成27年6月29日　初版第2刷発行
　　　　　令和2年3月31日　初版第3刷発行

著　者――岩立三郎

発行者――手塚栄司

組　版――株式会社石山組版所

撮　影――徳江正之

編　集――株式会社小林事務所

発行所――株式会社体育とスポーツ出版社
〒135-0016 東京都江東区東陽2-2-20
TEL 03-3291-0911
FAX 03-3293-7750
http://www.taiiku-sports.co.jp

印刷所――三美印刷株式会社

検印省略

乱丁・落丁はお取り替えいたします。定価はカバーに表示してあります。

ISBN978-4-88458-277-7 C3075 Printed in Japan